# 彼　　　　女

戸田恵梨香

# もくじ

第二章

## 〈彼女〉戸田恵梨香

※この本は2021年1月から2022年夏までの間にインタビューを重ねた内容が中心となっています。
※第一章について：戸田恵梨香全出演作ではありません。また、時系列掲載にはなっておりません。

# 序章

# 2021年1月

2020年、連続テレビ小説『スカーレット』の撮影が終わったその6月に、父が亡くなりました。何の前触れもなく逝ってしまったので……自分の想像以上にショックが大きく、いまだに毎日のように夢に父が出てくるほどです。
父の死の直後は、「こうしてあげていれば」「ああしておけばよかった」と悔やむこともありました。だけど、その時々で自分が選択したこと、私ができることは精一杯やったんじゃないかと思ったりもして。寂しさと後悔と脱力感と……いろんな感情が目まぐるしく渦巻いています。

私はかなり父親っ子だったので、今の自分の土台を作ってくれた人がいなくなってしまったというショックはどうしようもなく大きかった。実はたまたまその時期に、自分の体を知るための遺伝子検査をしていたのですが、その結果を見ると、自分が父の遺伝子を濃く受け継いでいることがよくわかったんですよね。兄妹の中でも、一番父に似ているのが私。母、兄妹から「似てる似てる」とは言われていたけど、「なるほど、これは完全に父親の遺伝子だな」と(笑)。そう思った時、父はいなくなってしまったけど、私の遺伝子に〝父が生きている〟という、ある種の喜びも味わえたんです。

今、戸田家の人間は、母と兄だけ。戸田家はここで途絶えるのかもしれない……そう考えると、それもそれで結構寂しいなって。自分の中に戸田家の遺伝子があることが実際に数値として可視化された今、その遺伝子を遺したいなぁと思った。父の死を経て、ようやく意を決することができました。

それまでは、結婚・子供に関して、正直ちょっと悩んでいた。今まで、俳優として一生懸命生きてきて、またしばらく自分の時間を持てないのかと思うと、「う〜ん、まだちょっと呑気《のんき》にいきたいかも」となったし、自分は本当に子供が欲しいのか？と自問自答もした。だから、もし父の死がなかったら、結婚はしても「子供を持つのはちょっと現実味がないかな」なんて、まだフワフワしていたかもしれない。でも今は、子供を授かることができたら幸せだなと思う。この怒涛《どとう》の1年のおかげで、自分の思考がすっかり変わりました。

父は……私の結婚を知ることなく逝ってしまいました。でも、夫が「（2020）年内に、お父さんに手を合わせに行きたい」と言ってくれて。2人で、地元に戻ったんです。新幹線とレンタカーを乗り継いで自宅近くに着くと、そこから、今まで見たことないような大きな虹がかかっていて。祖父母と父親が眠っている菩提寺《ぼだいじ》が、虹の最終地点だったんです。お寺の駐車場で車を降りた時には消えてしまったけど、2人で「この虹は……すごいね」「お父さんが迎えてくれているのかもしれないね」と話した、あの景色には感動しました。彼が「手を合わせに行きたい」と言ってくれたことも嬉しくて、改めてこの人でよかったなという気持ちになりましたね。きちんと結婚の報告はできなかったけど、きっと父も「よく来てくれたね」と言ってくれたのかなって。

本当に目まぐるしい1年でしたよ。特に心が。仕事で慌ただしくてプライベートなんて置いてけぼりの年をずっと重ねてきたけど、こんなに心が忙しくなる年があるのかと唖然《あぜん》とするぐらい、2020年は激動だった。私の歴史に残る年だなと思います。

## リアルな想い

2020年は、一人の俳優としての変化も怒涛でした。自分がそうなるとは思わなかったけど、〝目指していた芝居〟がようやくできた気がした『スカーレット』を終えて、ある意味燃え尽きたんでしょうね。「果たしてこれから先、自分がやりたいと思うものに出会えるんだろうか、自分を超えられるんだろうか……」という気持ちになってしまった。その状態は、約9ヶ月間の休みを経ても、いまだ続いている。

俳優としては、本当に「ここからどうすれば？」って感じです。やっぱりお芝居している時のモチベーションって、楽しい！じゃないですか。楽しいと思えるから、やり続けてこられた。でも、正直いま現場にいて、共演者の人たちと喋って楽しいことはあるけど、お芝居を楽しいと思う感覚、これまでのような関心を保てなくなってしまったような気がするんです。

だからなのか、セリフを覚えていてもよく噛むんですよね。舌が回らず、言葉を進められない。そこは、時間が解決してくれるんじゃないかと、「ちょっと流れに身を任せてみよう」と今は思っているんですけど。現場に入ることでちょっとずつ、セリフ覚えも良くなってきているのを感じるから、たぶん集中力は現場が戻してくれるのかもしれない。

『俺の家の話』1話の完パケができて、私が見る前にプロデューサーの磯山（晶）さんからは「戸田恵梨香にしてよかった」「マスクしていても、目だけでお芝居がすごい伝わった」と言っていただきましたが、「え、ほんと？」という気持ち……

私の中では、全然腑《ふ》に落ちていなかったんです。かなりフワフワしていたところがあったから。もちろん、考えることは考えるんです。この時はこうかなとか、これはこんな感じとか、ちゃんと〝引き出し〟は開けて、そこからポンポンと出してはいるんだけど。どこか納得できていない自分がいる。たぶんこれまで蓄積した経験と体が覚えていることで、こなせているだけなんだろうなって。

だから、早く自分の次の目標を作らないと。このままでは、たぶん心が腐ってしまう。本来、芝居を〝こなす〟ことは絶対にしたくないっていう性質《たち》ですからね。『スカーレット』が（2020年の）2月いっぱいで撮影が終わって、実は5月からずっと体の治療をしています。体が悲鳴を上げている。いろんな検査をしてもそれが如実に出ていて、お医者さんにも「今までよく立てていましたね」「今、気持ちでもっていますね。数値で見たら立てないはずですよ」と言われ、ずっと無理してきたことを現実として突き付けられました。だから、「もう無理はしたくない」が、今すごく出てしまっているんですよね。

それこそ、事務所からは「もっと力を抜いたらいいのに」とこれまで何度も言われてきたけれど、芝居を雑にこなしている自分も嫌だし、そんな作品を愛せない。性分的にできないんです。力を抜くって果たしてどうやって？と思ってきた。そんな人間が今、心底力が抜けてしまっているんです。良くも悪くも「そうか、これが力を抜くってことか！」と、身を以《もっ》て体感しているところ。だから、今のこの状態が良い方に出たらいいなと思っているんですけど。

先日、『コード・ブルー』の西浦（正記）監督に久しぶりにお会いした時に、「うわっ、顔が〝丸く〟なったな。今まで、すっごい戦闘モードだったのに」と言われて。良い意味もあるけど、仕事の面ではあまり良いことではないのかもというのは感じていて……。そんな自覚はなかったけど、西浦さんが言うってことはだいぶ丸いんだな。よほど安心しきってしまったんだろうな、と。自分が想像していた以上に、結婚による変化は大きかったのかもと感じています。

初めてですよね、こんな感じの話は。いつだって「悔しい」とか「次、どうする?」だったから。24歳ぐらいから「自分がやりたいお芝居って何だろう?」「どうすれば役者として成長できるのか?」をずっと考え続けてきた。でも、「これから自分をどうやって奮い立たせればいいんだろう?」という、また新たな葛藤が生まれてきたかな。

実は、前々から事務所には、演出家、監督もやってみたいという話はしていて。そういうところで、役者としてとはまた違う〝自分の役割〟を埋めていくことができたらいいなっていう想いはずっとあったんです。どうしたって、これまでとは違う目線になってしまった今、そういう自分の人生もアリだなと思うし、また別の生き方をもうひとつ持ってもいいのかなって考え始めているところです。

まだ見たことない自分の姿が出てきたなぁって感じですね。こういう形で、仕事に対するモチベーションだったり、社会に対する気持ちだったりが、変わるとは思ってなかったから。自分でも新鮮ですね。すごく新鮮。

# 本書へ込めた願い

コロナ禍で、世界的に見ても物質に対しての価値がどんどん無くなってきていますよね。私自身、昔からちゃんと物事の本質を見たいと思って生きてきたけど、今、ものの見事に本質を見なくちゃいけない時代になった。それは、いろんな人に、特にこの本を読んだ人には気づいてもらえたらいいなと思う。

2021年に始まったことではないけど、社会的に攻撃性がより強まっているじゃないですか。「真実はどうなんだ」「○○のせいだ」と他者を叩く。コンプライアンスが叫ばれ、「そんなことで？」っていうクレームが出る。芸能の世界もそう。〝いち人間〟として芸能界を見た時に、「いや、それっておかしくない？」と疑問に思うことも多々ある。日本に根づく右へならえの多数決文化、「なぜ、ここまで個を大事にしてくれない社会なんだろう?」ってことをすごく考えたし、もうそろそろそんなことは終わりにすべきじゃないかとも思った。自分の職業のこと、組織って?個人って?ということを、もう一度見直す時代になったなと思うんです。

私も改めて確信したけれど、結局、自分のことは自分でしか守れない。だから、皆さんそれぞれに、生きること、誰かを守るということ、自分の仕事の価値について、知ってもらいたいなと思うんです。私は、たまたま結婚することを選択したけど、それだけが幸せではないですよね。自分の生きる喜びや価値は、それぞれ違うもの。その違いを知ること、認め合うことの方が、とても難しくて大事なことだから。そんなことが伝わるような、気持ちのよいジェンダーレスな本になったら嬉しいなと思います。

# 第一章

# 〈彼女〉たちが見せてくれた景色

## 吉岡滝乃（『オードリー』）

正直、この時の記憶はほぼないんです。本当に初めての現場で、ホン（台本）を読むということすら、当然できるわけもなく。カメラの前に立つという意味も、役者がどういうものなのか？もわかっていない。突然、大人たちの中に入れられて、「はい、ここに立って」「はい、笑って」、ああしてこうしてと言われるがままに、とりあえずロボットのように立っていた。その〝自分がここにいない〟感が怖いと感じた現場でしたね。試すほどの力量も何もないのに、「お前にできるのか？」「ちゃんとやれよ」と試され、監視されているような感覚。そこにいるのに、私はここにいちゃダメかもと逃げ出したくなるような……それは肌感としてすごく残っています。

実際にオーディションでどんなことをやったか?全く覚えてない。でも、私は八方美人なので、どうやったら大人に可愛がられるかはわかっていたから。ずーっとニコニコしていたなって記憶はあります。ヒロイン役ではなかったけれど、大竹しのぶさんの幼少時代役として拾っていただいた現場。その自分の運の良さっていうのもすごく感じていたんだけど……当時は、とにかく大人の顔が怖かった。怖い、不気味、っていう感じ。それは東京に来てからもずっと、二十歳《はたち》ぐらいまでは持っていました。上京してからは特に、事務所からの管理もありましたし、それも含めて「あぁ、私は全然信用されていないんだな」という鬱屈《うっくつ》した反発心によって、トゲトゲした時代を過ごすわけです(苦笑)。「舐められたくない!」と思っていましたね。この尖った時代を過ごす中で、強くなっていくんですよね。

## 今井紗枝（『放課後。』）

まだ大阪から通っていた時代です。今の事務所の社長に呼ばれて、「オーディション、行くか」と言われて行ったのが、『ALWAYS三丁目の夕日』と『放課後。』。『三丁目〜』はダメだったけど、合格できたのがこのドラマ。やっぱりこの現場でも、どうやって大人に可愛いと思ってもらうか？に必死で、全力で笑顔を振りまいていた。「大丈夫、方法はわかっているから」という根拠のない自信があったんですよね。

でも、役としては自分が持っているものより、もっともっと高いテンションの女の子を演じなくちゃいけなくて。そのテンションの高さが、自分にないから恥ずかしいんですよ。もともとハスキーだったし、上手く自分の声を出せない。声をコントロールできない。セリフも多くて覚えられない。何より監督に求められていることができない、っていう焦り。自分の実力不足というのを次々に目の当たりにしていくわけです。絶対に楽しいはずと思っていたこの世界だけど、私はそこに立つことすらできないんだっていう自分の能なし具合に愕然《がくぜん》とした作品でした。ほんとに身の程知らずだったなぁって、今となっては感慨深いですね。自分自身を知るきっかけになったし、〝戸田恵梨香の始まり以前〟というか。デビューする前の根拠のない自信が、粉々に打ち砕かれた時期でしたね。

## 樋田春海（『エンジン』）

『エンジン』も、オーディションを経て、出演することが決まったんですけど。演出が全くわからず……もう『放課後。』から引き続き、監督が言っていることが理解できない。自分の中では、言われたことを全力でやっているつもり。でも「違う」と言われる。ずっと「どうすればいいの？」状態。本当にわからないし、怖いし、自分の力がついていけなくて辛《つら》いし……そういう想いばかりがあって。例えば泣き芝居も、本番になると緊張が勝って泣けなくなってしまうんです。「どうしよう、なんで泣けないんだ！」「私がみなさんを待たせている」と思うと余計焦るし、泣けない。でも、素に戻ると涙が出て来るんですよ。最終的には、「どうして泣けないんだ！　あぁ、もう嫌だ！」っていう悔しさのまま本番に行ったら泣けて。それでなんとかやり切ったけれど……私は本当に芝居に向いてないんだと落ち込みました。『放課後。』に続き……というか、もうずっとですよね。『オードリー』からずっと、打ちのめされていました。

この時期は、ドラマ『ギャルサー』と映画『デスノート』（前後編）と映画『天国は待ってくれる』という3作品を同時に撮影していました。寝る時間を確保することで手一杯。ほぼほぼ意識がない感じの毎日でしたけど、この3作品を経て、自分が台本や演出を理解する能力がないっていう恐怖から、心理学や哲学やらいろんな本を読み漁《あさ》り始めて。めちゃくちゃ勉強し始めた頃です。

特に『エンジン』のあたりは、当時のチーフマネージャーが国語ドリルを用意してくれて。文法ですよね。○○とは、何のことを指すのか？っていう基本的なことから勉強し始めた。だけど当然、文法を学んだだけでは成立しない。まず、人間っていうものを勉強しなきゃいけないんだと、心理学と哲学に一気に走ったんです。今思うと、その年齢でそこに辿り着いたのは我ながらすごいなと思います（笑）。でも、理解しきれないのに一気に詰め込んでしまったから、自分の能力を超えるほどの材料を抱えて……結局18歳、19歳あたりでパンクしちゃうんですけどね。

この頃には、ボイストレーニングもやり始めていました。自分の声を録音して、どういう風に言葉を発しているのか？とか、ビデオカメラで自分を撮って、自分の顔がどういう風に映っているのか？見られているのか？を研究したり。与えられた台本の芝居をやってみて、自分がどういう風にやっているのか？を見てみたり。とにかく勉強し続けた4、5年だった。本当に寝る時間もなかったけど、この学びの時間があってよかったなって思っています。

## 神崎直（『ライアーゲーム』）

戸田恵梨香の代表作に挙げてくださる方も多く、私の初めての「主演としてのスタート」であり、多くの方に知っていただくきっかけとなった作品です。

デビューして、ようやく1年経ったか経たないかぐらいで巡ってきた、いきなりの主演作。なぜこんな素人が主演をやれるのか?と不安で……当時チーフマネージャーに「主演なんてできません」と言った記憶がありますが、あの頃の何もできない私にとって、（主演は）辱めを受けるに等しいことだと感じていたんですよね。これは、その時期のインタビューでも話していたことですが、私のそんな考えは、素人であろうと何もできなかろうと、戸田恵梨香を主役に選んでくださったプロデューサー、監督、スタッフの皆さんに対して、物凄く失礼だなと気づいたんです。だから、「選んでくださった方々のためにも頑張る！」そう宣言した記憶がありますね。

とにかく本当に無我夢中で、文字通り「精一杯」でやり続けていたから。どれだけ評判が良かったとか、そういうところは当時、よくわかってなかったんです。今では定着した感がありますが、いわゆる深夜枠と言われるドラマの第一弾だったので、枠としてもすごく新鮮でしたし、結果も残せた。そういう経験をさせてもらったことは、とてもラッキーだったなと思います。

たくさんの先輩俳優陣に囲まれた現場でした。だいたいドラマは主演が忙しいものですけど、このドラマでは、全員忙しかった。全員、スタジオに閉じ込められていましたから（笑）。気づけば朝だったなんてことも何度もあったし、みんなで朝焼けを見て「朝ごはん出てこないのかなぁ、お腹すいたね」と言い合ったり。本当に全員で苦楽を共にした、団結力の強い現場でしたね。

ただただ、必死でした。『ライアーゲーム』だけで、1日22時間ぐらい働いていた気がする。「じゃあ、のちほど」「また2時間後に」の日々で、ほぼ寝てないし、セリフは処理しきれないほどある、考えなきゃいけないこともいっぱい……。いまだに、この現場の大変さは体に染みついているというか。だから、他にもキツい現場ってあるけど、結構耐えられるみたいなところがあって。あの時、あれだけ必死になれる経験ができたのは、本当に良かったなと思います。

その一方で、人間不信に陥るような出来事も初めて経験しました。膨大なカット数を撮る現場だったので、とにかくスケジュールが厳しいんです。その中で、「お待たせしました！」とテストに呼ばれて行くと、そのテストにいくまで20、30

分待つことも多くあって。やっぱり満足に寝ていない状態なので、少しでも温存したいから、「じゃあ、始まるまで前室にいますね」と戻って待機するんですけど、それを「調子に乗ってる」と見られるわけですよ（笑）。実際、言われていることも耳にしていました。だけど、いくら若輩者の私でも、すぐにテストができる状態になってから呼んでほしいと思う。それをそんなふうに言われてしまうなんて……。ある程度、キャリアも重ね大人になった今、同じ状況であれば、スタッフさんもきっと「すみません。では一回戻ってください」ってことになると思うんです。そこは当時、若い駆け出しの役者が言っても……ということだったんでしょうね。全くそんなつもりもないのに〝天狗になっている〟とか思われたりするこの業界への不信感。楽しくやっていると信じていたけど、その裏では……という衝撃は、当時の年齢では消化できなかったですね。心底、人間って怖い、大人になりたくないと思いました。対人間の難しさを知った時期でもありました。

## 弥海砂／ミサミサ（『デスノート』）

フラームに入ったばかりのこの時期は、まず容姿を整えるところからでした。事務所に入る以前の私は、眉毛も細くて、ミニスカにピンヒール、半袖ポロシャツを胸元まで開けて……という感じだったので（笑）。社長に「まず、眉毛をはやしましょう」「服も、今からGAPに買いに行きます」と連れて行かれました。当時のマネージャーからは「帽子を買いなさい」と言われて、2人で帽子を買いに行ったことも覚えています。

事務所の先輩である広末涼子さんが着ていたというチェックスカートをいただいて。それに、GAPで社長が買ってくれた白シャツを着て、ミサミサ（『デスノート』）のオーディションに行きました。その時私の前には人気モデルの子もいて。ゴスロリの衣装を着て参加しているのを見て、「わぁ、やっぱりみんなすごいな。私はこんな白シャツにチェック柄のスカート。ミサミサでも私でもないのに」と思いながら、用意されたイメージを〝装って〟参加していました。

オーディションでは、何かセリフは喋ったような気がするけど、どんなシーンだったかは全く記憶になく。監督・プロデューサー陣が並んでいて、「縛られるシーンがあるけど、大丈夫ですか？」って聞かれたんですよね。「（大きな笑顔で）はい、全然大丈夫です。よく父にお布団でぐるぐる巻きにされていたので。縛られるのには慣れています！」って答えたら、みんな爆笑していて。のちに、佐藤（貴博）プロデューサーが「その印象がすごかった」「この子だなと即決だった」と言ってくれましたけど。〝縛られる〟って全然意味が違うぞ？それを笑顔で話しているこの子はちょっとおかしいぞ？と思われたんでしょうね（笑）。あの景色は、鮮明に覚えています。

この時期はバラエティなどでも、かなり〝作って〟いたと思います。表情や言動も「とにかく可愛いと思ってもらわないと！」って意識が強かった。事務所の意向にある程度則《のっと》って、戸田恵梨香という女優像を作らないといけないんだと思っていましたね。当時は、そうしないと事務所にいさせてもらえなくなるかもっていう恐怖感があったし、とにかく事務所の人にも可愛がられなくちゃいけないって必死だった。

雑誌の撮影でも、私はいつまでぬいぐるみを持たなくちゃいけないんだろう？ピンク？白のワンピ？本当の私は全然違うんだけどなぁ、と思いながら。インタビュー取材でも、取り繕っていました。『デスノート』期のインタビューとか動画とか「戸田恵梨香でぇす（甘い声で）」とか、やっていると思う。

そんなふうに取り繕って、自分の意志のもとで喋っていないからか、インタビュー内容の記憶とか印象もほぼないんです。やっぱり17、18歳の女の子でも、少なからず自分なりの意志とか思考、実家にいる時に培われた理論みたいなものはあったりするじゃないですか。質問に答えるにあたって、自分が思うことを喋っていたけど、ある時、事務所から「17、18歳の女の子が自分の論理で語っても、調子に乗っている、偉そうだと思われる可能性がある。10代では何の説得力もないから控えなさい」と言われたんです。「思ったことを言っちゃいけないのか！」と驚いて。「じゃあ私は、インタビューで何と答えたらいいかわかりません」「私に答えさせないでほしい」と、半ば本気で思っていましたね。

自分の想いを言葉にすることを偉そうだなんて思ってもいなかったから、当時は全然意味がわからなかった。でも、今ならわかります。そこに説得力がない、っていうことが。それに、私が話したいことの本質は伝わらないこともあるじゃないですか。そこの危うさもあったんだろうなって。

だから、〝いい子ちゃん〟を演じていたんですよね。本当の自分を出せないというか、求められる戸田恵梨香像が優等生すぎて、とてもきつかった記憶があります。

そんな時、ボイストレーニングのレッスンで、トレーナーの先生に言われたんです。「恵梨香ちゃんは今、いい子ちゃんでいなきゃって思っているでしょう?」って。「その殻を破ってください。ちゃんと私と向き合ってくれないと、ボイストレーニングはできません」。「バレてる!」という衝撃と同時に「あ、私……頑張らなくていいんだ」とその時初めて思えました。そうしたら涙が止まらなくなって、レッスン中に1時間半ぐらい泣いてしまったんです。

それまで、ずっと無理していたから。勝手な恐怖心から「盗聴器がついているんじゃないか?」と家の中を確認していたぐらい追い込まれていた。その恐怖と生きづらさとでがんじがらめだったものが、一気に氷解して。そこからは、無理することはやめよう、自分がおかしいって感じたことは「おかしい」って言おうとなった。気づいたら、社長に「事務所を辞めます」と言っていたりして。そんな気持ちは2007、2008年ぐらいまで続きました。

そう考えると、16歳で上京してからの4年間って壮絶だったなぁと思う。ボイストレーナーの先生との出会いは、私の人生の中でも大きかったですね。無理しているる私に気づいてくれたあの時、先生と出会えていなかったら、どうなっていたんだろう?と。ずっと泣けなかったんですよね。親に「しんどい」「きつい」って弱音を吐くじゃないですか。そうすると「いつでも帰って来ていいよ」と言われるんです。そうなると「いや、これは帰っちゃダメだな」って……なんか、変に自立意識が強かったんだと思う。自分の負けを認めることになるのは嫌だ、っていう負けず嫌いも発揮されて。「絶対、自分には負けたくない」その気持ちだけで頑張っていた気がします。

お芝居も、負けん気と意地でしたね。当時のチーフマネージャーに、『デスノート』の時にボロカスに言われたんです。拘束されたミサミサが「私を殺して！」って泣き叫ぶシーン、その芝居を観て「今の芝居じゃ、なんにも届かない」「芝居ができてない」とか、現場に演出家が2人いるんですけど！みたいな状態で。子供ながらに腹が立って、「絶対この人に、『よかった』って言わせてやる！」と思ったんですよね。ある意味、「役者としての戸田恵梨香」が生まれた瞬間でした。あの時、マネージャーから叱咤、忠言がなかったら、あの芝居はできていない。当時はとにかく〝何くそ精神〟だけでやっていましたね。

それまでは、根拠のない勝手な自信と運の強さでチャンスを掴んできたけど、実際仕事を始めると、オーディションで掴んだとしても結果を残さなくちゃ意味がない。このままじゃ自分はダメなんだと気づいた。「ボロボロに否定され続けた」以外の『デスノート』の記憶がほぼないぐらい、自分との戦いの日々でしたけど、〝自分だったら大丈夫でしょ〟っていう根拠のない自信を、ちゃんと成立させたかったんでしょうね。上京して「大人が怖い」という頃からずっと恐怖の対象だったマネージャーへの想いが、「絶対に認めさせてやる！」精神となって、『デスノート』で完全にガツン！と飛んだ、そんな感じです。

その負けん気っていうのは、周りに対してもそうで。まだ16、17歳の自分は、大人と同じには見てもらえない。自分が軽く見られていると感じることも多かった。だから「この人たちに、いつか絶対認めさせる！」というのがモチベーションでしたね。今となっては、あの時に負けず嫌いでよかったなって思うけど……

やっぱり、苦しい時代でした。

それと、『デスノート』で印象深いのは、(映画公開と同時期の2006年10月クールドラマ)『たったひとつの恋』を撮影している時に、初めて一般の人に「ミサミサだ！」って言われたこと。それまでは、渋谷で「声が戸田恵梨香に似てる」と言われた経験があったぐらいで。この時、初めて「えっ、なんで私を知っているの⁉」っていう体験をしたんです。それが、感動というよりものすごい衝撃で。右も左もわからないまま、とにかく芝居に向き合うことでいっぱいいっぱいの当時、自分が(世間に)認識されていることに驚いたんですよ。「ミサミサって……え、私⁉　みたいな(笑)。それまでは役名で呼ばれたことがなかったので、役で認識されるってこんな嬉しいことなんだ！と思いましたし、初めて自分は芸能人なんだという自覚も生まれましたね(笑)。

映画では、初めてキャンペーンにまわって、香港にも行かせてもらったり、エンドロールで自分の名前を見たり……と、みんなで〝ひとつの作品を作る喜び〟を知りました。やっぱりドラマで見るエンドロールと、映画で見るエンドロールは、自分でも感覚が違ったんです。その違いが何なのか?は、いまだわかっていないけれど、映画館というあの閉ざされた独自の空間世界にも感動したんだろうなと思います。

いまだに「あのミサミサは、衝撃だった」って、よく言われるんです。でも、自分ではその感覚はわからない。あの時は、自分が全然追いついてなかったってわかっているから。でも、そう言ってもらえるんだなぁって、そこまで私を持っていってくれた周りの人たちに感謝だなと思うし、たまに考えるんです。「今の私だったら、もっとミサミサを体現できる」って。さすがに、10代のアイドル役は容姿としては無理がありますけど(笑)。ミサミサという人を、今の自分ならもっともっと表現できたよなって。すごく明るいけど、めちゃくちゃ闇を持っている子だから、彼女のその闇を今の自分なら理解できるのにって。あんな私をよく起用してくれたなって心から思います。今の自分の脳味噌で、もう一回やり直せたらいいのになぁって思う作品ですね、『デスノート』は。

## 泉佐和子（『奇跡の動物園～旭山動物園物語～』）

私が事務所でボイストレーニングをしている時に、『旭山～』のプロデューサーが打ち合わせでいらして。そこでご挨拶させてもらったのがきっかけで、「やってみないか？」と声をかけていただきました。

この作品を通して、坂東元さんという現・旭山動物園園長と出会えたことは、とても大きかった。坂東さんの活動を知り、大きな感銘を受けて。坂東さんがどうしてこの活動をしているのか、どういう想いなのか、そして、今地球がどれだけ大変なのかを教えてもらいました。それまで、何の問題意識も持っていなかった私には、とにかく衝撃の連続。それこそ地球温暖化によって、今、ホッキョクグマが絶滅してしまう可能性があること。北極がなくなるなんてことが危惧されているのか！と驚き、人間のエゴが、これほど地球に影響を及ぼしているということを初めて知って。もともと動物が好きだから、人間のため、地球のためはもちろんだけど、何より動物のためになんとかしたい！と思い始めたんですよね。

そこからは、自分なりに野生動物のこと、その絶滅危機、保護活動に関してや、そこに紐づく地球温暖化、環境問題について学んだり、「Ｍｙ箸、Ｍｙコップを持つ」「なるべくゴミは出さない」等、ｅｃｏやＳＤＧｓへの意識も強くなりました。

10代で芽生えた「なんとかしたい」という想いはずっと継続していて。今、より強く大きくなってきた気がします。当然、犬猫の殺処分問題や動物保護については、気になって調べ続けているし、環境や健康について考えると、それこそ無農薬の野菜にはじまり、それを使った学校給食であったり、学校教育のことまで思い巡らせている自分がいる。今は、お芝居とか役者の仕事よりも、そっちの方に気持ちが傾いているかもしれないぐらい。およそ17年間走ってきた人生がひとつ終わって、次の、また別の自分の人生というものをいよいよ考える時がきているんだろうなと思います。その意味でも、自分が人間として、お芝居以外に興味を抱くものができた、そのきっかけをくれた作品、時期だったと言えますね。

この頃もずっと、哲学書を読んだり国語の勉強は続けていました。「勉強が嫌い」ってところから役者の仕事を始めて、今も学術的なものは得意じゃないけど、意外と知識を得ることや自分を成長させるために必要な勉強は大好きなんだなってことをこの時に知りましたね。そういう意味では、〝学ぶことが好き〟っていう私のルーツが形成された時期でもあります。

ドリルも結構楽しんでやっていました。かなり偉そうなことを言いますけど……今頃国語のドリルを勉強している女が、東大とか早稲田とかを卒業した演出家の方々と言葉・セリフについてやり取りができているって……夢、ありますよね？　私、勉強頑張ったなと思います。これは、誇りに思っていいなって。本当にキツかったし、ボロボロでしたけど。後悔のないように、全身全霊で挑んできてよかったなと心から思います。

## 緋山美帆子（『コード・ブルー』）

ドラマのシーズン1が、二十歳の時。『コード・ブルー』は、西浦正記監督に出会って、「役って、こういう風に作っていくんだ」ってことを教えてもらった作品です。監督からは「パーマをかけピアスを開けてほしい」と言われ、人生で初めてピアスを開けたんですけど。そこから先は、緋山だったら、聴診器はどの色にする？どのペンを持つ？どういう靴を履く？というところから、自分で選ばせてくれて。役作りって何なのか？ということを、丁寧に教えてもらいました。

当時は、どうやって演じればいいんだろうともがいていたし、役作りの本質がよくわからなくて苦しかった時期。普通の現場だと「今のセリフ、もうちょっと強く」とか「もっと早口で」とか、そういう表面的な演出が多いんですけど。西浦さんは、どういう心情になって、こんな心境だからこういう風にしよう、と順序立てて演出してくれたんですよね。そうすると、緋山の気持ち、緋山という人物の奥行きがどんどんできていくようになって。より役への理解が深まった。それまでは、自分で相関図を作ってみたり、いろいろ試行錯誤していたけど、結局、上辺を追っていただけなんですよね。やっぱり、内面を拾わない限り、表層的な部分も追いつかないってことを学んで。そこから、お芝居がようやく面白いと思えるようになった。それまでは、作品を自分で選ぶこともなかったし、与えられたもの、睡眠時間も2~3時間ぐらいしかない、目の前にあるものをやることに必死の日々を過ごしていたけど、ようやく役者として、役と作品に向き合うことができたと思えたし、それを教えてくれた作品、監督との出会いっていうのは、大きな転機となりました。

そしてやはり、「今からやっていくぞ！」っていう駆け出しの5人が集まったことで生まれるその熱量、ですよね。各々がマイペースに現場を過ごしながらも、互いに刺激し合い、ここで（爪痕を）残さないとっていう危機感もちゃんと感じていて。なんか、すごくかき立てられたんですよね。二十歳そこそこの私には、本当に強く眩しい刺激だったなと思います。

だから、7年ぶりに再会した3ｒｄシーズンというのは、駆け出しだったあの5人が、それぞれある程度の立ち位置、ポジションを築き上げた上での再集結で。その自信も感じられたし、お互いを認め合い、尊敬し合える……気づいたら、そんな関係性になっていて。5人で集まった時の安心感、そこから湧き出るエネルギーっていうのはとてつもなくて、その高揚感がすごかった。現場で交わす会話の内容も、「うちら、大人になったねぇ」なんて感動すらする深さになっていて、「あぁ、これが戦友、盟友っていうんだな」と感慨深かった。あの4人が頑張っていたら自分も頑張れる。そんな糧となっている存在です。

10年近く役者をやっていれば、どんな変化や別れがあってもおかしくないこの世界で、5人もの大所帯が一人も欠けずに再会できて、一緒にやれている。その事実が、私たち役者にとっては何より意味があることだったなと思います。

『コード・ブルー』は、出会いでしたね。そして、役者・戸田恵梨香の出発地点。まだまだ〝ど素人〟だったところから、役を演じるとはどういうことかをようやく自分の中に落とし込むことができた。面白さを感じられるようになった。事務所の社長やマネージャーに、「ここの芝居が」「この表情が」とか、一緒に作品を見ながら批評されていたんですけど、ある時からそれを言われなくなったなって……今思うと、それは『コード・ブルー』(シーズン1)からだったかもしれない。

当時（2008年頃）は、勉強を自分のキャパ以上に詰め込んでしまって、パンクしながらも作品をやっていた時期。『コード・ブルー』の撮影と同時に、別の映画とスペシャルドラマを撮っていて。ほんとに「いつ寝られるんだろう？」「東京で『コード・ブルー』を撮っているのに、いま大阪⁉」みたいな状況だったんです。「このままでいいのかな？」「私って何もないな」という、役者の私ではなくて自分自身が置いてけぼりになっているような不安。要は、すごく焦っていたんですよね。『ライアーゲーム』の頃に勉強を始めてから、やっぱりインプットすることが自分の安心感に繋がっていたから。それがこの時期、できない状況になってしまって。このままだと、一生懸命作品に向き合って役作りを頑張ろうって挑んでいるけど、外に吐き出すアウトプットばかりで自分自身と脳味噌を養うことが全くできない。成長したくても成長できない！ということに気づいた。それがキツくて悲しくて、「うわぁ、もう無理だ！」となっていたところから抜け出せたのは、『コード・ブルー』のおかげ。西浦監督と出会って役作りの楽しさを知り、一気に芝居が楽しくなったことで、自分が成長できているという自覚を得られるようになったからだと思います。

だから、二十歳で『コード・ブルー』を経験した後は、事務所に「もう作品を縫うのをやめたい」とお願いをして。「1年に一度、1ヶ月まとまったお休みをください」ってことも、この時初めて言いました。それを事務所も受け入れてくれたので。そこからは自分自身と向き合う時間も作りながら、勉強することがどういうことか？にも、自分の成長にも、より興味が湧いて。役者としても、自分自身との向き合い方も、一変しましたね。

『コード・ブルー』までは、本当に怒涛。いわば暗闇の中でした。それが、『コード・ブルー』で一気に跳ねた。自分の長所を伸ばす時代が始まったけど、上手く自分の長所を掴み切れない。短所が見えても、どうすればいいのかわからない。

そんな新たな悩みも生まれました。それが、『ＳＰＥＣ』でまた跳ねるっていう……。だから『コード・ブルー』から『ＳＰＥＣ』までの時間も、苦悩の種類が違うだけで、また一つ、ステージが上がったところの闇が待っているんですけどね。

まだまだこの時期も、広告とか雑誌では変わらず〝白いワンピース〟が多かった。社長、チーフマネージャーに、「本当に清純派とか無理です！」「私の性格を考えてくださいよ。そういうキャラじゃない」ってことを伝え続けて。今まで事務所が作り上げてきたイメージから脱却するためにもがき続け、『コード・ブルー』である意味、自分に重なるようなあの負けん気な緋山という役をやれたことで、一気に自分が変わった。そしたら、すぐに『ＳＰＥＣ』のお話をいただいたんです。

## 有明静奈（『流星の絆』）

この作品も、ファンの方が代表作の一つに挙げてくださるドラマで、「有明三兄弟をもう一度見たい」という続編を望む声もすごくいただく作品なんですよね。事務所の社長も『流星の絆』に関しては、「10年後とか、普通に続編をできたらいいのにね」と言っていました。

『大恋愛』『俺の家の話』とご一緒することになる磯山プロデューサーと出会った作品でもあるんですが、当時はそこまで会話らしい会話はなく。『大恋愛』の時にようやく認めてもらえたという感じだったので、『流星〜』での磯山さんとのエピソードは、ほぼないんです。

東野圭吾さんの原作は、『コード・ブルー』の現場で読んでいました。アンダーラインを引いたり、役のヒントになるものを探していたんですけど、宮藤官九郎さんが書いた静奈が、「どういうこと?」というぐらい原作とは全くの別人だったので、全然参考にならないじゃん!と(笑)。ようやく役作りとは、どういう風にやるのかを知ったばかり。たくさんヒントを集めて役作りに活かしたいと思っていたけど、それができないってことがわかって。とにかく現場に入ってみるしかない!となったんですよね。

でも、原作を読んでいたからこそ、宮藤さんの脚本のすごさもよりわかるんです。物語として、原作のダークでシリアスなところと、宮藤さんのポップでユーモラスなところの融合が、こんな化学反応を起こすんだ⁉っていう衝撃をくらいました。暗くて辛い話だけど優しいというか、回を重ねていくごとに、その両方があるからこんなに面白いんだなと。ユーモアがあるから暗部が引き立つし、暗いところがあるから軽やかさにすごく救われる。脚本のおかげで、物語の構成にはそういうギャップがとても大事なんだなっていうことを知ったし、お芝居もその両方を知らないとダメなんだと学びましたね。コメディの難しさも含めて、改めてたくさんの気づきを得られた脚本、作品でした。

「犯人には、生きて罪を償わせる」というクライマックス。あの原作からの変更は、本当に見事だなと思って。原作に最大の敬意をはらいながらも、影響力のあるテレビドラマという世界の中で、作り描く意義を世に問うた磯山プロデューサーは、やっぱり人として信用できるなと思ったし、すごくカッコ良かった。磯山さんに対しての信頼は厚いですね。

だから『大恋愛』の時は、わからないことがあったら、全て磯山さんと話をさせてもらいました。「これは、どういう意味なんですか？」「この意図とは？」という疑問、その全てに「なるほど」と納得できる答えが返ってくる。そこまで、確固たる意思と計算、愛情を持ってドラマを作っているプロデューサーには、正直なかなか出会えないのが現実です。理論的に説明ができて、なおかつその解説がわかりやすいというのも、同じ女性として本当にすごいなと尊敬します。『俺の家の話』の時も、志田さくらという人物がわからなくて、ちょこちょこと質問していたんですけど、返答は全部腑に落ちました。磯山さんさえ現場にいてくれたら大丈夫と勝手に安心しているような感じで、台本をちゃんと理解し答えてくれる人がいるというのが心強かった。自分で作品をちゃんと作って、自分でその作品を愛し、誇りに思っている、そんなスタッフと仕事をできるのは何よりも幸せだなぁと思います。

## 当麻紗綾（『ＳＰＥＣ〜警視庁公安部公安第五課 未詳事件特別対策係事件簿〜』）

堤（幸彦）さんが、なぜ私にこの役をくれたのかはわからないけれど、『ＳＰＥＣ』には感動と感謝。この作品での経験は、私の役者人生の中で語らずにはいられないものです。

『コード・ブルー』で、役作りがどんなものか？という、いわゆる肉付けを西浦さんに教えてもらいました。その「肉付けをする」ってことを、私がとにかく思いつく限り詰め込んで、全てを出し切った作品が『ＳＰＥＣ』。クランクアップの時に、「ようやく自由を手に入れられました」と言ったんですけど。その言葉通り、それまでの戸田恵梨香のイメージから解放され、いい意味で裏切ることができた。

私にとって、本当に大きすぎる出会いでした。

肉付けという、感情を表現し体現していく術を身につけた私にとって、加瀬亮さんとの出会いはとてつもなく大きくて。加瀬さんが、ものすごく脚本にこだわる人だったんですね。「このシーン、戸田さんはどう思う?」「気になるところはないです」「僕はここでこう思うんだけど」「あぁ……確かに、それいいですね。なるほど」っていうふうに、常に問いかけてくれた。私はそれまで、与えられたものをやるのが仕事で、一つの作品を作る上で演出部、照明部、録音部と並ぶ、役者は俳優部という部品の一つでしかないっていう認識だったので。「脚本に関わっていいんですか?」という衝撃の体験をさせてもらいました。作品を良くするって、こういうことなのねと感動し、こうしてセッションができるのかと知った。そこから、脚本の読み方が一気に変わりました。

連ドラって、約10時間もの間、一人の人間のドラマを描くじゃないですか。その時間で人間の機微をどれだけ描けるか！　本当に贅沢で素晴らしいことですよね。加瀬さんとはそういう話もできて、もっともっと連ドラ頑張ろう！という気力ももらった。出会ってなかったら、今の私は確実にいないですから。そういうタイミングもすごく奇跡的でしたね。

ここまでの4、5年間で付け加えることができるようになって。自分の芝居の長所と短所がわかるようになった。じゃあ、次は引くことをやらなくちゃいけないなと思うようになりました。ここからは、ある意味自分の短所を伸ばしていかないとダメだと感じたんです。

『SPEC』で背中に〝大きな羽〟をつけてもらえた。だから飛べたし、すごく楽しかった。だけど、作品の印象があまりに強烈すぎることによって、イメージが固定される恐怖も同時に感じたんです。すごく楽しいけど、それだけだと役者人生は短くなるだろうなという思いもあった。この時期は、結構迷走しましたね。自分が役者としてどういう風にやっていけばいいのか？　今、自分はどういう風に見えているんだろう？　そういう客観的な目がすごく欲しい時期に突入した。かなり模索していましたね。

そして、たくさんの本を読み作品を観て、物の見方や世界観が大きく変わり、自分の好きな作風も見えてきました。だからこそ、良くも悪くもいただくお仕事について事務所とのすり合わせも必要になっていきました。そう考えると、事務所がある程度任せてくれるようになったのは、やっぱり『ＳＰＥＣ』からなんです。本気で芝居をやりたいんだってことも伝わったからだと思うし、この子には何を言ってもダメだって、諦めたのかもしれない（笑）。

堤監督とのお仕事は、「超楽しかった！」の一言です。堤さん特有のカット割の多さ、堤組おなじみの〝しろみ〟攻撃で撮っていくんですけど。私が15ページぐらい喋っているシーンがあって。それだけ長いセリフなので、噛んだり、飛んでしまったり……何度挑戦してもできないカットがあったんです。「これはやばいな……」と焦るし、汗も出るし、ますます噛んでしまう。それを見た堤さんが、私が噛むと「はい、じゃあその一つ前のセリフからやって」「で、レールカメラはちょっと戻って」という指示を出してくれて。私が噛む度に、それを繰り返し……そうしてセリフを繋げてくれた画《え》っていうのが、カクカクした幾何学的な面白いカットになっていたんです。

クライマックスの「一（神木隆之介演じたニノマエ）を捕まえる」という雪降らしのシーンも、夜を待って、そこから朝まで撮影するスケジュールだったのですが、現場で急にものすごい雨が降ってしまって。「これ……どうする？　現場、止まる？」「でも、撮らないともう時間ないよね」っていう状況。そこで堤さんは、城田優さん（地居聖／ドラマ版のラスボスキャラクター）に「雪が止《や》んだら、雨が降る」ってセリフを足して、撮影を続行したんですよね。その堤さんの臨機応変さと瞬発力、映像の繋ぎ、マイナスをプラスにしていくあの能力には感動しました。すごい！って痺《しび》れましたね。だから現場で何が起こっても、こうやってできちゃうじゃんね！ということも、良くも悪くも知ってしまったという反面もあるんですけど（笑）。

芝居している途中、ふと「そこで覗いて」って指示が降ってきて、え……覗く？何を覗くんだ？と、とりあえず覗いてみると、「はい、ＯＫ！」みたいなことが、本当にたくさんあるんです。「意味はないし、意味はなくていい」「それが不可解で面白い」っていう、全然違うところからの目線がとてつもなく面白かった。

堤さんとご一緒できたことは本当に嬉しかったし、かけがえのない私の財産。『SPEC』は、堤さんじゃなかったら絶対できなかったなと思います。当然連ドラだから、監督が3人ぐらいいるんですよね。皆さん、堤さんの現場を見て、どういう世界観で、どんな風に撮っていくのかを受け取り、それぞれに堤さんを追っていくんですが、堤さんは「全然負けないよ。俺はもっと先に進むから」と……そうサラリと言う姿もすごくカッコ良かった。堤さんって、現場に3時間前に入るんですって。どれだけ朝が早くても、先に現場に入って脚本を見て、どう動かしてどういう風にするか?を組み立てていると。やっぱり、天才と言われる人の努力は、並大抵ではないですよね。

ありがたいことに、20代前半の若いうちに一流・天才と言われる監督や先輩たちに恵まれ、良い環境で仕事をやらせてもらったので、どうしても高望みしちゃうところがあるんです。自分の学びが止まること、向上心を妨げられることへのちゃんと不満がものすごく強いんですよね。どんどんインプットして、どんどんアウトプットして、どんどん脳味噌をアップデートしていきたいんです。

『ＳＰＥＣ』をやるまでは、自分が結果を残せばいい、自分さえやれれば誰かが見てくれて、それが先の仕事に繋がっていく。そういうところで頑張れた。でも、作品は一緒に作るんだって教えてもらえたことによって、プロデューサー、監督、スタッフの皆さん、そして役者たち、みんなで同じ方向を向いて、同じ熱量で闘わないといい作品はできないんだなと感じるようになった。と同時に、どんどんどんどん目も養われて、現場を客観的に見て気づくこと、疑問に思ってしまうことも増えてしまった。だから「どう頑張っていけばいいんだろう？」って今、立ち止まってしまうことになる契機にもなっている作品なんですよね。

## 古川ミチル（『書店員ミチルの身の上話』）

肉付けを見つけられた後は、引いていくお芝居を始めたいと思っていました。『ＳＰＥＣ』が強烈な作品だっただけに、当麻のようなキャラもの、曲者のオファーもかなり増えた時期。なかなか引くことができる作品と出会えなかったんですよね。それが、ようやくできたのが『〜ミチル』だったんです。そういう意味での、私の第一歩。やりたかった芝居質感の1作目で、本当に魂かけて演じた作品です。

今作の撮影に入る直前に、『輝く女〜アジアの森で生と死をみつめる〜』というドキュメンタリー番組でミャンマーに行っていて。そこで、（「医療の届かないところに医療を届ける」が理念のNPO法人ジャパンハートの）吉岡秀人先生に出会いました。『旭山動物園』で自然環境だったり動物たちに関心を持って以来、何かやりたいと思っていた自分にとって、あぁこういうことがしたかったというか。自分が知りたい、興味があることばかりで……本当に貴重な時間を過ごせたんです。

先生の活動を知ることができて、先生と子供たちと過ごすことで、心がほっかほかになって……涙が出たんです、吉岡先生のあたたかさに。救えない命もある。だけど、ミャンマーの人たちは輪廻転生を信仰しているから、「幸せに生きましたね」ってちゃんとお見送りをする。残された家族に対しての手厚いフォローアップ。吉岡先生の仕事を通して、人生の教訓みたいなものを学んで。自分の幸せって何なんだろう？って考えるきっかけにもなりました。当然言葉も通じないし、異文化の人間である私を、なんの屈託もなく笑顔で迎え入れてくれて、「寂しい」「離れたくない」と涙で見送ってくれた子供たち。彼らと出会い、コミュニケーションをとっていく日々は、人間としてとても豊かな時間でした。

ミャンマーで、吉岡先生に「君は、誰かに何かをすることで『ありがとう』と言ってもらえること、それを幸せに感じる人だろう？」「好きなことをやりなさい」と背中を押してもらい、先生と子供たちの姿に生きる力を与えてもらった中で出会えたのが、この『〜ミチル』でした。一人の人間として、女性として、ふくよかな心でリアルな人物像を体現したい！という想いを持って関われた作品だったんです。

全10話を演出されたテレビマンユニオンの合津（直枝）さんが素晴らしい人だったし、安藤サクラさんとのお芝居もすごく良かった。とてもあったかい人たちと出会えたから、「はぁ……（ほっこり）」って心が救われた作品だったんですよ。ミャンマーに行って、やっぱり人を愛することが自分にとって一番救いになるんだな、自分を愛さなくちゃいけないなっていうことを知り、こんなにもあたたかい作品と出会えて、ようやく二本足で立てるようになった。私にとって、とても大切な作品です。

言霊ってあるんだな、大事だなということも実感しましたね。『輝く女〜』でミャンマーへ行けた経験は、今は事務所を離れた当時のチーフマネージャーが与えてくれた機会で。自分がこうしたいと思っていることを口にしていると、こうやって周りが拾ってくれて、自ずとチャンスに恵まれることがある。やっぱり、待っているだけではチャンスは来ないから。きっかけとかタイミング、運命というのは、その時自分がどう感じ、どう掴み、どういう思考をするか?次第で変わっていくものなんだなってことも、改めて思いましたね。

## じょご（『駆込み女と駆出し男』）

　まず、原田（眞人監督）さんとお会いして。作品的にもすごく魅力を感じましたし、是非参加したいという気持ちは決まっていたんですが……私、おぎんさんがやりたかったんです。それで、その旨をお伝えしたところ、「おぎんは、満島ひかりになった」と。彼女も「おぎんをやりたい」と言って、それで決まったと聞きました。これは事務所の人にも言っていないし、今初めて告白するんだけど……その時「あぁ、悔しいな」と思ったんですよね。例えばいろんな事情、状況で、自分が参加を見送らせてもらった作品はありますけど、「あの役を、誰が演じることになったんだろう？」「あの作品、どういう風に完成したんだろう？」ってことには基本的に興味がなくて。どこか自分は自分ってところがある人間なので、悔しいという感覚がオーディションを頻繁に受けていた時期以来だったんです。

満島さんとは『デスノート』のオーディションでも一緒になっていて。実際に、二人とも作品に携わっていたこともあり、それ以来「なんか、すっごい気になる」存在なんです。お芝居も勉強になるから、彼女が出る作品は観たい！って思います。

だから、二人とも「おぎん」がやりたいと思ったっていうのは縁と運を感じました。原田さんになぜ戸田恵梨香に、じょごを演じてほしいと思ったのか？を聞いたんです。その時に、私の過去作品と芝居を見て、「戸田恵梨香とずっとやりたいと思っていたんだ」と熱弁してくださって。原田さんのお人柄に惚れて「この人と一緒にお仕事したい！」と、参加することを決めました。

現場では、深い愛情を持って接してくれました。原田さんのじょごに対する思い入れとか、役を一緒に作っている感覚が、すごく心地良くて。実は私、撮影の前年に手足口病にかかってしまい、ちょうど足の親指の爪が生え変わる段階で、古い爪に覆いかぶさっている状態だったんです。だから〝草履の足元を撮る〟という場面で、「原田さん、私の足……今こうなってるんですけど」って伝えたら、「いいね！」とそこに血を塗って、〝血だらけの足でおぎんさんをおんぶして、山を登っていく〟シーンを撮ることに。当然、見えないんですよ。いくら目をこらしても、物凄い引きの画だから見えない。だけど、そんな細かいところまで、原田さんは面白がってくれました。

それだけ画面の隅々までこだわる方だから、監督の怒号が響く現場と言われるんだなってことも実感しました。それはなぜか？って、やっぱり原田監督の知識と準備の量、経験値っていうものが、ほかのスタッフ陣よりも圧倒的だからなんですよね。暖簾《のれん》ひとつにしても、「この時代に、これはないだろ！　作り直しだ！」ってその日の撮影が飛んだりとか。「あぁ、ちゃんと作品を作ってくれているな」と感じさせてくれる、演出家としての熱量にもまた感動したんですよね。やっぱり、作品を作るって、仲良しこよしじゃできないですから。演出家って、こうであってほしい。鑑《かがみ》だなって。原田さんは本当に映画が好きで。役名もないような役にまで、一切気を抜かない人。隅々までものすごく見てるから、その緊張感がいいんですよね。

多分、いろんな人が泣いたと思う。見えてないところで。日々、原田さんが言っていたのは「前後を考えろ！」ということ。メインどころの人たちには、その気持ち、ストーリーがあるけれど、その周りのストーリーを持たない人たちもかなり多いじゃないですか。だけど、「自分で自分の役のストーリーを作って、それを体現するんだ」ってことを、原田さんはいろんな人に何度も言っていて。それをちゃんと一人ひとり、隈なく見て言っている。現場の全てを見抜いている原田さんのすごさですよね。だから役者にとって、とても勉強になる現場で。みんなが今にも涙がこぼれるんじゃないかってぐらいグーッと拳《こぶし》握りながら、役者とは？を問われている感じ。そこを生き抜いた全役者が素晴らしい作品だったなと、心底思えた現場でした。

みんな、体当たりしていましたね。同世代の役者同士の共演で、みんなが燃えているその熱量もすごく伝わってきたし。そんな中、唯一原田さんを掻き回す樹木希林さんのすごみであったり、女優たちの掛け合いもとても面白かった。

満島さんとのお芝居にも、とても感化されました。原田さんの指示、演出に対する反応を見ていても、それをどう感じ捉えるか？も、持っている引き出しも、私とは全く違う。その違いが面白くて楽しくて。こうなるんだ？こうするんんだ？って、すっごくワクワクした。彼女はやっぱりテクニックを持っているし、プランがハッキリしているんだなぁと強く感じました。決して自分に甘んじないし、負けてられない！って思いましたね。

そう思える存在がいるってことは、ほんとに嬉しいこと。自分の空気を出すのも上手いんです。〝その場にいる〟というよりは、〝放出〟しちゃうタイプの人で。ちょっとピョン！と飛んじゃうような強さがあって。それを見ているのが面白かった。

安藤サクラさんも、また違う種類の強い人。不器用なのにスッと入ってきて……なんか、こっちが心許さざるを得ない感じというか。それも独特で、ムードメーカーとかそういう器用なタイプじゃないし、言葉も口数も少ない。だけど、〝入ってきちゃう〟んですよね。サクラちゃんは、本当に不思議な人。

『スカーレット』でそろそろ撮影が始まるというタイミングに大阪入りした時、『まんぷく』の撮影をしていた彼女が、急に訪ねて来てくれたんです。「恵梨香ちゃん、大丈夫？」「朝ドラは結構大変だから」という話から、「こうしたらいい、ああしたらいいからね」「なんかあったら、連絡して！」と、私は「わかった」と頷くだけ。それぐらいの弾丸で喋っていくわけです（笑）。彼女が「朝ドラはヒロインにしかわからない孤独がある」と教えてくれて。「何か力になれることがあったら、いつでも連絡して」と言ってくれました。そういう言葉も、心にすーっと入ってくるんですよね。それが2回くらいあったし、メールもくれたり。すごく愛情深い人なんだと思います。

『駆込み女〜』までというのは、私はドラマから派生した映画ばかりだったので。ようやく映画に踏み込めた、っていう喜びも大きかったですし、本当に貴重な経験ができた現場。初心を思い出させてくれたというか、愛情を持たずにはいられない作品との出会いでしたね。

## 幡枝亜紀（『この街の命に』）

お正月に帰省した際、保健所に送られた犬の話を聞いて。「え、どうして？　嘘やん……」って動揺していたところに、加瀬さんから「この作品を一緒にやりませんか？」というメールをもらったんです。運命的としか言いようのないそのタイミングにまず驚き、即「やります！」とメールを返した、という経緯があります。ある意味、呼ばれたのかもしれない。そう思うと、この作品はやる意義がある、意義しか感じない。その犬たちへの想いというか償いじゃないけど、そんな想いを込めて「やる」と決断した作品です。『旭山～』以降、ずっと持ち続けている動物への関心とも繋がっているんですよね。

この作品の準備で、ペット産業、商業の実情について勉強しましたけど、愕然としましたね。たくさん生ませて、売れなかったら処分するような無惨なやり方をしている事実。多頭飼育の惨状や、動物愛護団体が何をやっているのかを知り、保健所でのスタッフさんたちの葛藤を現場で取材させてもらって、学んで。犬猫、動物に対しての思い入れがより強くなりました。どうしてこんなむごいことができるのか、この悲惨な現状は人間の身勝手で起きている。人間とは、なんと愚かで、情けない生き物なのかを知り、どうしようもない人間に対する苛立ち、歯痒《はがゆ》さを覚えた作品なんですよね。

もちろん、役者として加瀬さんと『SPEC』以来の共演は嬉しかったですし、何より田中裕子さんという大女優と一緒に仕事させてもらえて。田中さんの身のこなし方、現場での在り方を見られたことが本当に良かった。とても面白かった。私もこんなドッシリとした人間になりたいなぁと思いましたね。すごく学びの多い作品となったなと思います。

## 北澤尚（『大恋愛〜僕を忘れる君と』）

『大恋愛』も、まさにタイミングでした。『崖っぷちホテル！』の撮影をしている最中に、知人が記憶を失ってしまうというリアルな経験をして。「この人のためにやろう」と思った作品なんです。

しょっちゅう連絡を取り合っていた人なんですけど。いきなり記憶がなくなってしまったらしく、直前にＬＩＮＥのやり取りをしていたからという理由で、私に連絡をくれたみたいで。「どうしたの？」と聞いても、私のことがわからない。とりあえず、今いる場所がどこか？を確認して、どうにか私の家に来てもらって。顔を合わせて「大丈夫？」って聞いたら、「恵梨香？　あれ？　私、何でここにいるんだろう……」と、いつもの状態に戻ったんですね。その様子を目の当たりにして、記憶がなくなることの恐怖、忘れられる怖さというものを知った。『大恋愛』のお話をいただいたのが、まさにそんな時だったんです。

どういうわけか私、昔からそういったタイミングの妙というのか、運命のいたずらというか、ご縁の力が強くて。その作品をやる意味・意義が、不思議とついてくるんですよね。「恵梨香、これできるでしょう?」「恵梨香、これはやるべきだよ」って渡されている感覚。運命とか宿命って本当にあるんじゃないかって思わざるを得ないような。特にこの頃は、そういうことがすごく続いたんですよね。

『大恋愛』は、役を演じているというよりも、「あぁ、これが生きているってことか」っていう……ちょっと今までにない感覚を体感したドラマでした。お芝居をする時って、いわゆる〝スイッチング〟ってあるんですけど。それが全く必要なくて。「よーい、スタート!」がかかったら、なんか知らないけど涙が出てきちゃう、どうしよう……みたいな。

ムロ(ツヨシ)さんもそういう感じだったみたいで。現場も、私たちの感覚とかそういうものを全部すくいとってくれる監督、プロデューサー、カメラマンはじめスタッフさんたちだったから。カメラマンさんが、撮影が終わった後に「俺さ、ずっとドキュメンタリー番組を撮っているみたいだったんだよね」「ほんとに、君たち2人を撮っているんだなぁと思った」と言っていて。「えぇ〜、嬉しい!」と思って。やっぱり、何か一つの物語を描くのに、ドキュメンタリー番組に敵うものはないじゃないですか。本物だから。「まるでそれを撮っているようだった」って言ってもらえるのって、ドラマの究極ですよね。本当にすごい体験をしたと思う。なぜ自分がそこまで入り込めたのか?は、わからない。自分の熱量なのか、相手がムロさんだったから引き上げてもらえたのか、相乗効果だったのか……それはわからないんだけれど。ムロさんにとっても、私にとっても、この作品に挑むっていうこと自体がすごく大きなきっかけで。本当に、2人の向かいたいお芝居がぴったりと合致しました。ムロさんとは何度も芝居の場を共にしてきたけど、ここまでバチッ！と合ったのは初めてでした。この作品と出会ったタイミングもそうだけど、やっぱり縁というか、人それぞれの生きてきたタイミングがあって、それがシンクロした時の奇跡のような時間っていうのは、こんなにも震えるほど感動を与えてくれるものなんだなと思いましたね。すごかった。『大恋愛』はすごかった。だから絶対的な信頼を置いているし、『ハコヅメ』が終わった時も2人で話したけど、私の中で「何かあった時には、味方でいてほしい」と思う俳優さんです。

今作で得たものは、本当に大きくて。なんてことない、何の変哲もない日常なんだけど、実はすごく奇跡的なことで。それを掴み取っていく難しさ。やむを得ないことが起こって、掴みたくても掴めない歯痒さ。だけど、それでも手を取ることの素晴らしさ、勇気を教えてくれた。やっぱり、人は愛情がないと生きていけないいんだなってことを見せてくれた作品だと思っています。

愛って、恋愛だけじゃないじゃないですか。家族、友人同士、それこそマネージャーとの関係もあれば、ペットだったり、いろんな愛情がある。このドラマをやるきっかけになった知人に対しても、私はできることがあれば何でもやりたいと思っているんです。しょっちゅう会う人じゃなくても、私が連絡先に残しているのは、何かあった時には、絶対に助けたいと思う人たちだけ。その誰かにヘルプを求められたら何とかしたい!という思いが湧き上がるし、そうすることできっと私は、自分の心をふくよかにしていくんです。だから、数年前からずっと言っていたんだと思う。私が求めているのは愛の幅ではなくて、その高さだと。私は、愛を高めたいんです。

## 板倉楓（『あの日のオルガン』）

実は、一度「私にはできないです」とお断りさせていただいていたんです。オファーをいただいて、まず『二十四の瞳』を見返そうと思って。時代的にも、子供達との物語というところでも〝近い〟じゃないですか。だけど、まるで〝遠い〟んですよね。当時の人たちの方がはるかに大人で、自分の精神年齢が追いついていない。言葉遣いも、今の私たちにとって馴染みのない「〜だわ」とか「〜なのよ」という語尾で、それがまず私の中にない。どれだけセリフを言葉にして出してみても、馴染まないんです。だから、私じゃない方がいいんじゃないかと思って……そうお戻ししたら、平松（恵美子）監督が「一度会いましょう」「会いたいです」と言ってくださって。お会いして、おしゃべりしたんです。私が「無理だ」

と感じたこともお伝えしたんだけども。ただ、一つ「この画を、自分は知っている（この場面はできるな）」と感じた場面があって。『空襲で真っ赤になった空を見て、人が燃えていたり、泣き叫んでいる声を思い出す』っていうト書きなんですけど。私は阪神・淡路大震災を経験しているので、震災直後はひどい火事で、空が真っ赤に染まった光景を見ているんです。ト書きにある、その画と同じものが見えた気がした。だから「そこは、できるかなと思えました」「子供の頃の経験が活かせる時なのかもと思った」、そう平松さんにお話ししたら、すごく感動してくれて。「やっぱり、私は戸田恵梨香とやりたい」と言ってくださって。平松さんの作品に対するその想いと熱情を受け取って、挑戦しようと決めたんですけど。やっぱり……すごく難しかったです。

自分よりもちょっと下の世代の女の子たちとの共演。こういう物語だから、きっとストレスもたまるだろうし、一緒にご飯行ってみようかなと思って行くんだけど、どういう会話すればいいかわからない。今まで、自分と歳の近い人たちとであったり、先輩たちの背中を見て現場で過ごしていたから。いざ自分が先輩の立場になってみると、どうしていいかわからなくて、立ち振る舞いがすごい迷子になりましたね。

若いって無敵だなぁというのも、感じました。『ＳＰＥＣ』の最後の舞台挨拶の時に、竜雷太さんにＭＣの方が質問していたんですけど、私と加瀬さんのＳＰＥＣは何だと思いますか？という質問に、「若さ、ですよね。若いっていうだけで、もうそれはＳＰＥＣだ」と答えていらして。その時は意味がわかっていなかったんだけど、彼女たちを見ていて「このことか！」と。平松さんの演出って独特で、物凄く段取りとテストを重ねるんです。これぐらい固まれば本番いけるなっていうところでも、絶対にテストをやって。本番並みのことをやって。「じゃあ、これでいこう！」とようやく本番になる。何度も繰り返すと、それだけ自分の感情を維持し続けることになるので、役者的にはかなりキツいんです。舞台的というか、伝統的な（山田洋次組の）やり方なんですよね。内容的に泣き芝居も多いんですが、彼女たちは何回やっても泣けるんです。昔の自分を見ているようで……私も『ライアーゲーム』の時とか17時間泣き続けましたからね。あの頃は、意地でしたけど。泣けちゃうんですよ、スイッチさえいれば。無駄なものがないから、そこだけに集中できるというか。「あ、あの時の感じだ……」って。彼女たちを見て「若いだけでSPECって、こういうことでもあるのか！」と思い知りました。現場を重ねた者の強みもあるけど、そうじゃない強みもあるということを彼女たちに教えてもらいましたね。

あとはやっぱり、子供たちですね。ちゃんと子供の部分を持っていたり、無理してないかな？って心配になるぐらい大人っぽかったり。歯痒い気持ちにもなるけど、安心もさせてくれる。なんか、いろんな気持ちがくるくるとまわった現場だったんですよね。

言葉に馴染みがないっていうところで、ずっと仕上がった作品を見るのが怖かったし、不安しかなくて……。いまだにあれでよかったのかな?という疑問はあるけれど。「赤く染まった空を見てハッとする」ところは表現できてよかったなと思います。自分の感情に矛盾もあるんだけど愛おしい、っていうような。私にとって不思議な存在の作品なんです。

## 東美也子（『最初の晩餐』）

この時期、家族がちょっとバラバラになっていたんです。私自身が、家族の存在を少し疎ましく感じていた、そんな時にこの役をいただきました。役柄は、再婚した母親に素直になれない、家族に対してどこか苛立ちを抱えている女の子。形は違えど、彼女の気持ちとこの家族の物語に、どうしても共感してしまうというか。家族という鬱陶しい存在を受け入れる優しさであったり、実は両親には子供たちに言ってない隠し事があったり……それは実際に、戸田家にもあったから。こういうことって、意外とあるんだよなって知ったり。自分が、家族を思い返すきっかけを与えてくれた作品です。

台本を読んでも、「そうか。血が繋がっていてもいなくても、自分が『家族だ』と認識すれば、それは家族なんだな」「家族の在り方に〝こうあるべき〟とか、定義なんてないよね」って肯《うなず》けることばかり。家族って何なのか？を考えることが、今の自分のテーマなんだなって思った。作品中、その答え探しをしていたところはありますね。

常盤（司郎）監督の初長編映画だったので。みんなで監督をフォローしていこう、できる限りのことを精一杯残していこう！という現場の空気感もあたたかくて。映画人揃いの共演者の皆さんとのお芝居も、とても心地よかった。私はドラマ畑の人間なので、映画畑の方たちの、その質感も佇まいも全く違う現場を見られることがとても刺激的で。改めて、映画の面白さ、醍醐味を感じた現場でした。

私の子役時代を演じていたのが森七菜ちゃん。監督から「どういう風にこの役を作るか？について、彼女と話をしてほしい」と言われて。同じ人物を演じる者として、2人で話をさせてもらったんです。私が家族に対して思ってきた感情とか経験もそうだし、こういう風にやってみようと思っているから「この感情だけは大事にしたいね」って。そこを共有した上で、2人で挑んだ現場。先に子供時代のシーンを撮っていたので、大人チームは、現場で子供たちの芝居をモニターで確認させてもらい、引き継いでいくスタイルで。そういう体験も初めてだったので、すごく新鮮でした。ただ、『あの日のオルガン』の時もそうでしたけど、やっぱり私は後輩という存在に何かを伝えるってことが、すごく不器用なんだなとこの時も思いましたね（苦笑）。

## 川原喜美子（『スカーレット』）

『スカーレット』は、役者として、とても貴重な得難い経験をさせてもらいました。国民的なドラマであるという重責も含め、現場のこと、苦しいことも本当にたくさんの苦悩もありましたけど、撮影が終わった時に、自分が目指していた芝居というものが、ようやくできた気がしたんです。たった11ヶ月の撮影でしたけど、15歳から40代後半、50代ぐらいまでの年月を芝居すると、その役を生きることの喜び、喜美子として生きたなという実感がものすごくて。『大恋愛』の時もその想いは強かったし、作品が終わってから役を抜くまで、生まれて初めてあんなに時間がかかったっていうぐらい大変でしたけど、喜美子に関しては、引きずるとかそういったことは一切なく、意外なほどすんなりと終わったんですよね。

松下洸平さんという、自分と同じ流派の俳優と出会って。こんなに自分の感覚とマッチングする人がいるんだ⁉ということを初めて知り、一緒にお芝居しているのが心地良かった。あの大変な現場を乗り越えるのは、〝八っちゃん〟がいなかったら、私……無理だった。それぐらい大きな存在だったし、いわゆる擬似恋愛、擬似人生を八っちゃんと共に過ごして、そういう体験ができたことは本当に宝物。

大島優子さん、林遣都さんという素敵な俳優に出会えたことも、嬉しかった。特に優子に関しては「戸田恵梨香をこんな間近に見て、ますます仕事のやる気が湧いた」「私、頑張るわ！」と言ってくれて。同業者にそんなこと言われたの初めてなんですよ。こんな嬉しいことはないなと思いました。優子のその一言で、すごく報われたというか。朝ドラの厳しいスケジュール、向き合いの中で、体も心もどんどん擦り減らしながら、必死に頑張ってきたつもりだったから。

打ち上げができないとなった時も、タイミングを改めて、サプライズでみんなが集まってくれて。お父ちゃん(北村一輝)が「喜美子やから、みんな来たんやで！」と言ってくれて。「えぇ〜、嬉しいっ！」みたいな(笑)。みんながわざわざ来てくれて、これだけねぎらってくれて、なんて幸せなことだろうって。「朝ドラに参加するのが、戸田恵梨香主演の作品で本当に良かった」という言葉までいただき……役者にとって、一番嬉しい言葉ですよ。本当にどうしようもなく苦しくて、いっぱいイライラもしたけど、そう思ってもらえたことが、すごく嬉しかった。救われた。『ハコヅメ』でも感じましたけど、共演者の人に救われることが多くなりましたね。本当に共演者に恵まれているんです、私。

現場中は孤独と闘っていたし、ちょっとパニックのようにもなった。その孤独は、安藤サクラさんが言っていたように誰にも理解できないものだし、たぶんこれはマネージャーにも、共演者やスタッフにも、理解できない領域のものなんですよね。だけど、こうやって報われることがあるんだって……この上ない幸せでしたね。

長い時間をかけて一人の人間の人生を描くという、朝ドラじゃないとできない、贅沢な体験をさせてもらえて良かった。改めて、自分が求めているのはリアルなお芝居なんだなって気づけたし。朝ドラをやり終えた時にも「ここからは敢えて短所を伸ばしていくべきだなって思った。じゃないと、世界観が止まってしまうから」という話を雑誌の取材でしたけど、少し時間が経った今は、短所の部分を伸ばす必要があるのか？と問われたら「ないな」と思っていて。だからこそ、役者として幸せの絶頂を味わえたのは本当に幸運なことでした。何ものにも代えがたく大切な、私の代表作だと思っています。

## 藤聖子（『ハコヅメ～たたかう！交番女子～』）

この作品は忘れたくても忘れられないと思う。それぐらい、今までとは違う種類の悩みを抱え続けた4ヶ月間でしたね。救われたのは、視聴者の皆さんの声。本当に良い評判をいただけたから。ちゃんと結果を残せたことは頑張ってよかったと思えたけれど、原作へのリスペクト、想いが大きいからこそ、いい原作を実写化することが、いかに難しいか？を改めて思い知った気がしています。

今までやらせていただいた原作ものって、脚本なりプロットなりが上がってきて、それを読ませてもらって「面白そうだな。やってみよう」となる。その段階を経たものが多かったので、原作に対しての強い思い入れみたいなものは正直そこまでなかったんです。でも今回は、まず原作に惚れちゃったから……このパターンは初めてだったんですよね。普段、漫画とかアニメとか見るタイプではないので、実写化された時のファンの気持ちっていうのも理解しきれない部分がありました。だけど今回は〝いちファン〟としての目線も持っていたので。そういう見方をした時にいろいろ感じてしまうことも多くて。

やっぱり、実写化することの責任って重大ですよね。原作をいただく、わけだから。プロデューサーも脚本家も監督も、もちろん役者も、その責任を負った上でやっていかないとなってことを改めて肝に銘じた作品でした。

当然、原作を設定上や物語上で変えるのであれば、変えるなりに辻褄を合わせないといけない。変えることによって生まれる矛盾を埋める作業が必要です。コメディ部分、シリアスな部分、普通の日常の部分。それぞれ撮り方、描き方も変わるはずですし、そのメリハリが面白かったりする。そういったところの多くが、役者にも委ねられていた現場だったので、そこに対しては色々と意見もさせてもらったんです。でも、キャストの人たちはそこも理解してくれていたので、また私は、共演者に救われましたね。

今回のキャスト、みんな素敵でした。（源誠二役の）三浦翔平さんは、お芝居のテンションの掛け方だったり、源がどんどん素敵になっていく変化を目の当たりにできて、私もすごく嬉しかった。

そして（山田武志を演じた）山田裕貴さんという、また最高に魅力的な役者がいてくれて。山田さんもかなり一生懸命「どうすれば、このシーンを成立させられるか？」を考え、果敢に挑んでくれました。

（川合麻依を演じた）永野芽郁ちゃんは、伸び伸びと演じていましたよね。すごく楽しそうだった。終わる時もかなり寂しそうにしていて……クランクアップした時は、彼女が「今、終わりました！」って電話をくれました。「お疲れ様！」と伝えたら、「泣いちゃいました〜！」と。芽郁ちゃんが川合でいてくれたから、私は聖子として頑張れた気がします。

主要キャラクターだけじゃなく、それこそ刑事課の人たちもみんな、本当に一生懸命やってくれて、その気合もすごく心強かった。気持ちが乗っているなっていうのを感じるんですよね。それは、たとえ画角の奥の方であっても、画面からも絶対に伝わるものだから。

いろんな喜びを感じたし、みんなの力で成立させてもらったなぁって。本当に感謝しています。『ハコヅメ』での一番の喜びは、あの最高のキャストたちと一緒にやれて、彼らの魅力を知れたことです。そして自分の成長を感じられたこと、なのかな。

心残りとしては……もうちょっと藤聖子の可愛いところを出してほしかったなっていうのはあるんです（笑）。〝かっこいい〟とか〝強い〟〝デキる〟〝ゴリラ〟みたいなところがフィーチャーされていて。やっぱり聖子の女っぽさキュートさというのは、原作の魅力でもあるから。そういう意味では、聖子と同期たちのところも、もうちょっと見たかった気持ちもあります。これは自分が原作ファンだからなんでしょうけど、桜しおり（徳永えり）の話はもっとしっかりと描けたら良かったなっていう気持ちは残っていますね。

『ハコヅメ』が終わって、徳永えりに言われました。「ハコヅメをやっている時の恵梨香の表情、怖かった」って。「え、ほんと？」「うん。現場になったら、〝戦う〟モードだよね」という会話をしましたけど、現場の緊張感が半端なかったらしくて。主演として、みんなで仲良く、みんなに楽しんでほしいというところに特化したやり方もあるとは思う。でも、私はいい作品にすることで、みんなが救われ（報われ）てほしいんです。

「なんで恵梨香は、そこまで頑張れるの？」「その強さはどこから？」とも聞かれたけど、「これは、私のプライドだ」と。何事も〝流せる〟人っていますよね。そっちの方がはるかに生きやすいし、楽だとも思う。でも、私は自分が携わるからには、面白くない作品には出たくないし、したくない。共演者の人たちにも「やって良かった」って思われたいから頑張るんだ。これが、自分の答えなんだなって思います。

第二章

# 〈彼女〉戸田恵梨香

私は今、沖縄のホテルで書いている。
1時間程だろうか……夜の海で静かな波音に耳を澄まし、
満月に近い明るすぎる月に照らされながら、
無数の星空を眺めていた。

この地に戻ってきたのは、実に3年振りとなる（2021年10月現在）。
お気に入りのホテルだ。
3年前、このホテルで断捨離を決めた。
当時、自分がよく分からなかった。
これからどうすれば前に進めるのかと思い悩んでいた。
ここに来た時に、知人に言われた。
「何故そこまで背負っているんだ？　背負いすぎだろう。
全てを捨てなさい。整理して、本当に必要な物を見つけるべきだ」と。

言われた瞬間、体の中心にある扉が開放され、
凄いスピードでドッと私の身体《からだ》からあらゆる物が飛び出してゆく感覚があった。
初めての感覚だ。それは今でも忘れられない。
人生観が変わった瞬間である。

そんな私が、今ここに戻ってきたのは何故か？
そう。また分からなくなったからだ。

一人だ。たった一人。
一人の時間が必要と感じ、現実から逃げてきた次第である。
捨てても捨てても、それを上回るスピードで入ってきてしまい、
処理できなくなってしまった。

そして今、何か綴らなければならないのではないかと迫られ、
ホテルのメモとボールペンで、出てくる言葉を綴っている。
(紙がなくなりそうで心配だ。でもそんなことはどうでもいい)

突然だが、私は今、思うように生きたくなっている。
全てを投げ出してしまいたい。

よく「芯のある」とか「凛とした女性」だとか言われるが、
そんなことない!!
悩み、もがき苦しみ、叫んでしまいたい程、弱い人間なのです。
一歩外に出たら、仮面を被《かぶ》れるようになってしまっただけなのです。
そんな人が多いのではないか?と思うわけです。

本当の自分を知っていますか？
私は自分を知りません。
偽り続けた人生だったから。

だから、33年間置いてけぼりにしていた自分自身を知る旅に、
今、出たのだと思う。

最近、上手く立てなくなった。
上手く笑えなくなった。
心の奥が引きつっている。
気力だけで立っていた。
けど、もう頑張れない。

東京に上京して17年間走り続け、
ある時から、何のために頑張っているのか分からなくなったんだよな。
いつの間にか仕事に縛られ、
縛られにいっている自分がいて、
思うように生きられなくなってしまっていた。

とはいえ、自由を知らないものだから、
自由な生活ってなんなんだろう?と思うわけで、
果たして、どこに光はあるのか……。

私は寝るのが上手くない。

いつも考えがくるくると巡り、
答えの出ない、出せない思考と理屈と概念に苦しんでいる。
そう、とても厄介な人間なのです。
（この厄介な私とよく結婚してくれたと思う。夫よ、ありがとう）
だから私は、頭を空にする作業が必要なんですね。
（できたことないけど）

そのために、海が、自然が必要なのです。
自然治癒って言葉があるでしょう？
それです、それ。まさに海こそが私にとっての自然治癒。

今、部屋の窓を開け、波の音を聴きながら思う。
「有機物と無機物の中にある自分」

不思議だ。
あらゆる事物と時間軸があり、
どこに居る（存在している）のか分からなくなる。

この馴染みのない空間。
なのにとても心地が良い。不思議。
それはつまり、きっと背負う事物や事象が、
今この瞬間、ないからだろう。

この一秒を長く持つべきだと思う。

長い長い独り言を文字の力を使って吐き出すことによって、
とてもスッキリしてきた。

皆さん、お付き合いありがとう。

この本はきっと、この私のように、
よく分からない一貫性のない物に仕上がるだろう。
「私」が出ると思う。

「私」を、本という物質に残したいと、
動き出してくれた船田さんに心から感謝を伝えたい。
ライターの米さんにも多大なる疲労を与えることになるだろう。
ごめんなさい。
でも、こんな私を面白がってくれてると思う。

だから皆さんに面白がってもらえたらいいと思う。
なんやねん、こいつ。なに言ってんの？
と思われる方もいるだろう。
でも嫌いにならないで？
私も、なに言ってるのか分からないから。

優しくて温かい本になったらいいなって思っていたけど、
私自身がまだ追いついてないから無理かも。
ごめんね。
紙が終わった。

２０２１年10月

沖縄で綴った、孤独についての話をしましょうか。一人で沖縄に行って過ごした〝一人きりの時間〟について、自分で書いたものです。

結婚した時に「もう孤独じゃないんだなって安堵《あんど》した」って言いましたけど、どこかでずっと拭えない孤独の感覚は続いていていて。何ものにも埋められない、この何かがなんなのか？と考え続けてきた。今なら、それは少しずつ自分をなくしていき、心が疲れ切ってしまったからだなっていうのがわかるけれど。まだわかり切っていない、葛藤していたあの時期、切実に一人で、自分と向き合う時間、自分の内面を見ることの必要性を感じたんです。

だけど、日常の中で完全に一人になるって、やっぱり不可能なんです。家族がいれば、家事もいろんな雑事もある。家の中に一人でいるとしても、スマホやSNSから求めなくとも情報が入ってきて、一人にさせてもらえないですよね。だから、そういうものから離れる時間を作る。そのためには、パッ！と突然自分の知らない場所、何もしなくていい所に行くことが、自分の内側に一番向き合える方法なのかなって。たぶん今って、そうすることでしか、そんな時間は作れないと思ったんですよね。

自分の荷物は、持ってきたスーツケース1個分だけ。たった一人で、自分の家ではないホテルという整った場所だけど、自宅のようには整ってはいない環境に飛び込んだ時、ようやく内面に入れた。沖縄で自分と向き合えたことで、今まで自分のことをないがしろにしてきたから、ここからはもう自愛しようって決めることができました。

これは、私に限らず、全ての人に言えること。これだけネット社会になり、モノが溢《あふ》れ情報が氾濫する今のこの世の中では、自分の存在意義って？自分って何者なんだろう？何のために生きているんだろう？と、みんな迷子になっていると思うんです。世情もあり、これから先どうなるかもわからない。世の中に対してものすごく腹も立つ。けれど、自分の身は自分で守るしかない。男女平等を謳《うた》っていても、正直、本当の意味での平等は難しい。女性にしかできない仕事も、女だからできない仕事だってあるし、男だからできる仕事も、男だからできない仕事もある。だって、体（の作り）も役割も違うんだから。それは男女だけじゃなくって、個体もそうですよね。それぞれ、できること・できないことは、当然のようにあるもの。

だから、自分という存在を認めることがとても大事で。自分と向き合うって決して簡単なことではないけど、それをすることによって自分の役割や自分の役目、存在意義を見つけられるっていうことを一人でも多くの人に知ってほしいなって思うんです。

それを理解した上で、人は一人では生きていけないことを知り、初めて人を大切にできるんだなって。それを私は今年、身を以て学びました。だから、綴らざるをえなかったし、残すべきと思ったというか。自分が本を出すことで伝えられることって、そういう生命の在り方なのかもしれないなって。たった33年間の人生だから、まだ経験してないことも知らない世界もたくさんあるし、わからないことだらけだけど。今の自分の知り得ること、学べたことを、図々しくも残させてもらえたなら、誰かの救いになったら幸せだなぁと思います。

自分の内側を見ることに意識を向ける為に沖縄に行き、
自宅に戻ってきた。
ここ数年、自分の力量に限界を感じていて、
仕事に命をかけて向き合ってきていたが、
どことなく魂が浮いているように感じる。
何故かとても息苦しい。
大好きな仕事への思考や、矢印の向かう先が変わったのだと思う。
これからフィトテラピー（植物療法）と中医学を学ぶ予定なのだが、
どうも今の私は、自分の内側をとことん知りたいようだ。
今までは、作品と役とに向き合い、見続けてきたから、
己を見捨ててきたこの十数年。
肉体への恩返しをしなければならない。
気付けばボロボロであった。

自愛しなければ……。

世の女性たち（男性もそうであるが）、
自分の心と体のＳＯＳに気付けていない方が多いのではなかろうか。
例えば生理痛なんかは、
ホルモンバランスがまだ安定していない二十歳くらいまではあるものだが、
二十歳を過ぎた20代後半からは、本来軽くなるものであるらしい。
体や精神へのストレスが、重い生理痛やＰＭＳを引き起こすのかもしれない。
ちょっとした肩こり、下半身のだるさ、目の乾き、
見逃してはならない。
体のＳＯＳだから。
その日の違和感は、その日のうちに治したい。
手遅れになる前に、自分を大切にしてほしいと思うのだ。

これは想いのまま伝えてしまおうと思うんですけど、以前〝同じ境遇にない人が、病気になった人に本当に共感できることはない〟というような言葉に触れて、確かにそうだなと文字面だけで理解していました。でも実は、今回初めての入院を経験して。気胸の処置で、肋骨《ろっこつ》のところからチューブを挿されたんですが、それがとにかく痛くて……。だけど、その痛みを知れたことが、なぜか嬉しくもありました。それこそ『コード・ブルー』で胸腔《きょうくう》ドレーンとかやっていたけど、「あの患者さんは、こんな苦痛だったのか」「ようやく、あの患者さんたちの気持ちが理解できた！」と。その苦しみを知れたことが幸せだったんでしょうね。

沖縄の時と一緒で、この入院中、自分の荷物はマネージャーに持って来てもらった最小限の私物しかなくて。入院した最初の2日間は、痛すぎて動けず……。挿管したチューブの関係で仰向け以外の体勢ができない。ちょっと腕を動かしただけで「痛いぃ〜！」だし、トイレ行くのも牛歩。本当にしんどかったんだけど、基本的にやることがないじゃないですか。だから、いろんなことを感じるんです。看護師さんに介助してもらっていることの幸福感だったり、傷の痛みだったり、目に映る病室の景色……その期間は病院食だし、いわゆる娯楽も一切いらなかったんですよね。その状況が気持ち良くて、今までに感じたことのない心の解放感でした。

いい経験をさせてもらいましたね。この経験は転機だ、この転機を掴まなくちゃいけないなと思いました。健康であることが幸せ、生きていることの喜びとか、そういうことでもなくて。自分の体と痛み、病に向き合っているだけっていうシンプルさに、本当の豊かさを知ったというのかな。入院したことによって、治療してくださった先生方もそうだし、マネージャーだったり母親だったり、いろんな人が私の手を取ってくれて。何かあった時に、助けてくれる人がこれだけいるってすごいな、私は幸せだって思えた。

入院する前は、ずっと「どうしよう」ってモヤモヤ、イライラしていたのに、それが一気に楽になった。人ってひょんなことから突然変わるんだなと思うし、これも転機の一つですね。本当に表情も変わったなぁと思うし、日々が楽しくなってきました。

まだ傷口は完全には治っていないんです。たまに、ちょっとだけ疼《うず》く。けど、なんかその痛みも楽しい。平気だったんですよね。どれだけ苦しくても、どれだけ痛くても仕事してきたから。痛みに耐性がついていたのかな。非常に面白い経験でしたね。楽しい数ヶ月でした。一人で戦って、一人で満たされて。

２０２１年11月27日

初めての入院を経験。

前夜から胸の痛みがあり、肋間《ろっかん》神経痛かな？と思っていたのだが、
ベッドに入り横になると、衝撃的な痛みが走り、
どうも〝ボコボコ〟と音を立てている。
だが私は、睡眠をとることにした。

そして翌日27日、土曜日だったので、
なかなか診てくれる病院が見つからず。
『コード・ブルー』というドラマで医療指導してくださっていた松本先生、
そして原先生に、一か八かで連絡を入れてみた。

運良く診ていただけることになったのだが、気胸と診断された。

突然の出来事だったので、まさか自分が入院するとは夢にも思わず、ビックリしたのだが、同時に「生きてる」と感動した。

〝生物〟なんだなと思った。


当たり前なのだが、自分の体が他の人と同じ作りをしていて、きちんと内臓があり、骨と血と肉があり、私という人間が存在しているのだなと実感した。


沖縄は、精神的な内側と向き合いに行ったが、ひょんなことから、次は肉体という内側と向き合うこととなった。

胸の側面に穴を開け、胸腔ドレーンというチューブを挿入し、肺に空いた穴から胸腔内にもれた空気を抜き、肺を膨らませるのだが、これが本当に苦しかった。

息を吸う度に、チューブと肺が擦れる、深い呼吸が出来ない。
普通に呼吸が出来るありがたみ、医療の凄さを実感する。

寝返りも打てないし、足がしんどいからと足を曲げることも恐怖が伴う。
動けるということは奇跡なのだ。

入院1日目と2日目は、点滴と錠剤で痛み止めを一日中入れてもらった。
2日目の夕方に、ようやく効く薬が見つかり、落ち着いて寝ることが出来た。

ただただ天井を見つめていたのだが、
こうやって私の面倒をみてくださる先生や看護師さん達がいて、
マネージャーさんがいて、そして家族がいて、
私は本当に幸せな人生を歩んできたのだと、しみじみ思う。

太陽が出てきて病室が明るくなり、
自然はなんて美しいのだろうと思う。

動けるようになってから、夜に窓外を覗いてみると、
街明かりがあり、人が歩いていて、星がいくつか見える。
それだけで、人生はなんて尊いんだろうと思った。

入院して何も出来なくなったおかげで、邪念が晴れてゆき、

心が躍り、感謝の気持ちが溢れ出た。

幸せだ。

もしこれが〝まっさらな自分〟なのだとしたら、
ずっとこのままでいたいと願う。

でもそれは本当に難しいことだ。
やはり情報が多過ぎる。
自分にとって必要な事物なのかの判断すら難しくさせる。
物が沢山あることで安心するだろう。
でも、それだけの物を、
何かが起きて、逃げなくてはならない時、持っていくことはないだろう。

ＳＮＳを見続けて、他人の情報を入れたとして、
他人と自分を比べたり、一喜一憂して疲れるだけではなかろうか。

何が正しいか間違っているかではなく、
何が正義か悪かではなく、
自分の心が穏やかでいられるものを見続けたい。

今、私が一番穏やかに戻れる瞬間。
それは、胸の側面にある傷跡を見る時だ。

## 休業の真実

2020年。役者として朝ドラを走りきり、報われ、大きな節目を迎えて。籍を入れた、世間に発表したとなったら……想像以上に安堵している自分がいた。その精神状態というのは、思ったよりも大きく作用しました。

満たされると創作ができないとか、よく聞くじゃないですか。男性の役者さんも「だから結婚するのが怖い」「仕事に影響が出る」と言う人は多いですよね。そういう言葉って、今までは何を言っているんだろう？だったけど、「このことだ。ヤバイな、私」になってしまった。ずっと感じていた孤独感がようやく薄らいで、それだからなのか、役への没入、感情移入が難しくなってしまった。これまではきっと、自分自身を殴るように負荷をかけて芝居をしていたんですよね。

絶対にいいかげんにはこなしたくないから、1作やる度に、自分の体も精神もスッカスカに擦り減らしてしまう。そのストレスが大きすぎて、『ハコヅメ』が終わった後に人間ドック含めて自由診療で診てもらったら、「これまでのストレスがかかりすぎている。まず自分の体を修復してあげないと、今の体だとかなり厳しい」と言われて。気胸になったタイミングも、本当だったら次の作品に入っていたはずの時期だったんです。これは体からのSOSだな、本当に休めってことだったんだなと思いました。約18年もの間、自分の体を殴り続けて大事にしてこなかったから、年齢を考えても、今は体をいたわろうと決めたんです。

今回、作品を降板させていただく形で、今休むことができているんですけど。私のために用意してくださった作品だったので、それを断るってどうなんだろうとすごく葛藤しました。でも、今の私には、ベストパフォーマンスができない。そんな不本意な状態で、作品作りに携わってはいけないのではないかと。もちろんできる限りのことはやったけれど、自分的にどうしても腑には落ちていない部分もあり、私は職業俳優にはなれないってこともよくわかりました。自分の状態がベストじゃない限り、やってはいけない。自分が後悔するんだなってことも知った。とはいえ、自分のコンディションがどうなるか？はやらないとわからないし、実際は2年先ぐらいまでスケジュールが決まっていたりする。そう考えると、精神的にも肉体的にも限界かもしれない今、ちょっと休んで、自愛すべき時ではないかと思いました。仕事はもちろん大事だけど、自分の体が一番の資本。仕事だけの人生から、その次のフェーズへ進むタイミングが来たんだなって感じています。

休むことを決めるまでの期間というのは、沖縄に行って思いの丈を綴ったりもしました。正直、本当に病みましたね。「あと一歩、あと2ヶ月頑張ったら、今年も終わる！」と思うようにするんだけど、「えぇ、あと2ヶ月？　そんなに頑張れない（と涙ぐむ）」みたいなことが続くんです。2ヶ月って一瞬なのに、それがキツい……こんなにも頑張れないって本気で思ったことは、初めてでした。だって、お仕事大好きですからね。芝居するのがこれだけ好きなのに、芝居するのがつらいというのは自分でも衝撃で。こんな時が来るとは思わなかった。心が追いつかなくなっちゃったんですよね、単純にね。

事務所にも、降板させてもらった作品に関わる皆さんにも、本当に申し訳なかったなと思います。だからこそ、その分、今はとにかくいたわって。しっかり自分の体を整えることに専念しているところです。その上で、ちゃんと精神的にも肉体的にも、再び立って、向き合えるようになったら考えよう。それまでは、無理に仕事せず、休ませてもらおう。そう決めたんです。

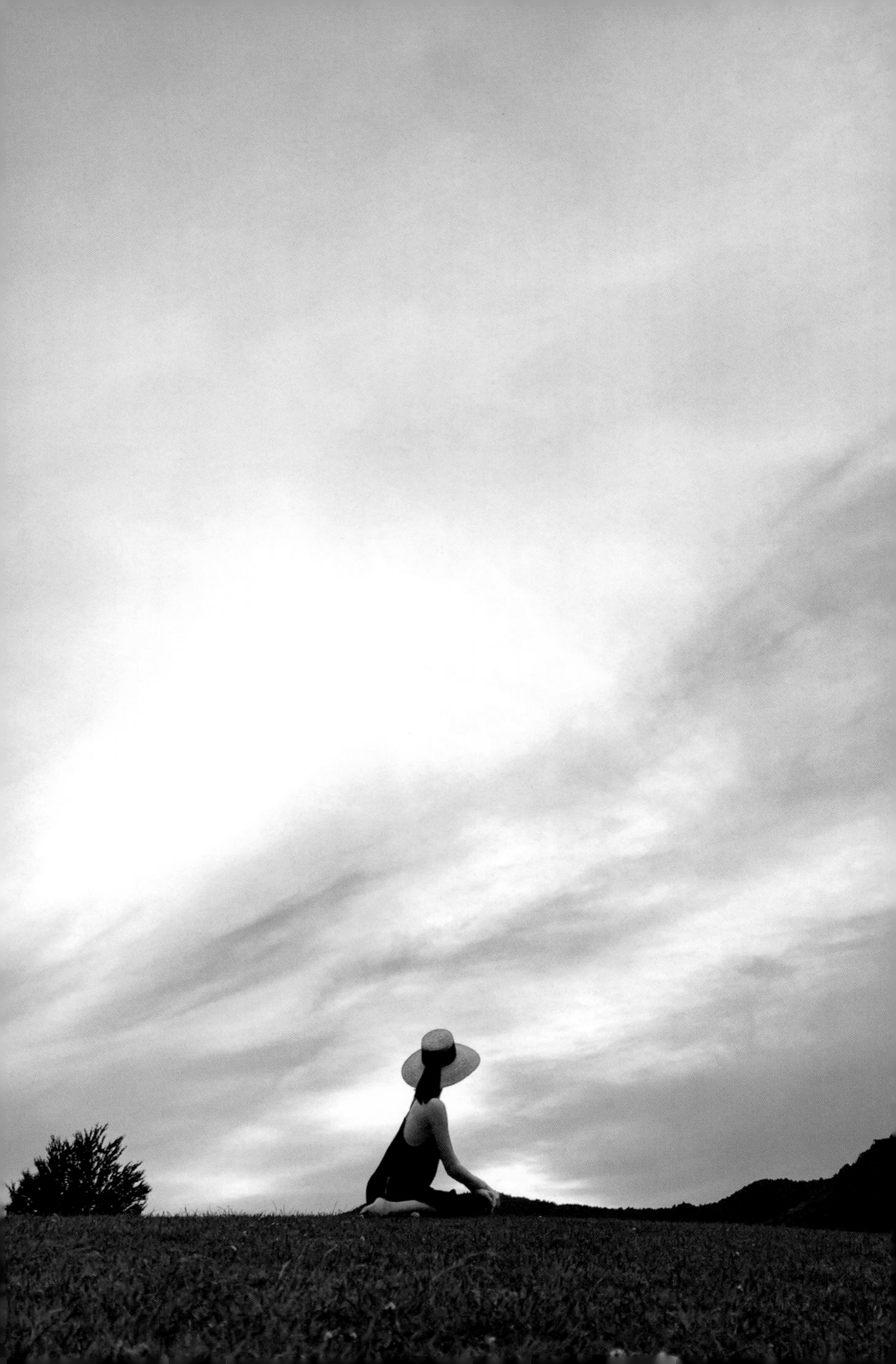

## この本の写真たち

特にテーマとかコンセプトはないんです。今回の写真に関しては、いつも私のヘアメイクを担当してくれているHarukaに任せて、「とにかくHarukaが撮りたいものを撮って」と何回も話をして。お互いダイビングが好きだから「海とか南の島行ってみる？　それこそ、温泉でもいいし、アートメイクみたいなことしてもいいし、なんでもいいよ」なんて話もしていたんだけど。悩んでいたところに、「ここのホテルがいいらしいよ」っていう共通の情報を得て。「じゃあ、そこに行ってみようか！」となり、撮影場所が決まりました。

事前に「普段っぽい、カジュアルな恵梨香が撮りたい」ってことは聞いていたけど、出発前日に、そういえば、どういう写真を撮るかの打ち合わせをしていないし、どういう服を持っていけばいいんだろう？となったぐらい、何も相談することもないままの旅立ち（笑）。とりあえず、Tシャツにデニムというカジュアルなものと、ドレスが一枚あったらなんとかなるかなと勝手に判断して持っていく……という、相当ラフな旅支度になりました。その気楽さも良かったと思うし、意外と黒いドレスがロケーションにもこの本のテーマにもハマって、お互い方向性が見えたな、という感じでしたね。

駅からホテルに着くまで1時間半ぐらい移動している時に、改めて彼女には説明をしたんです。この本では、役柄を通して自分が経験したこと、感じたことっていうのを話していて、戸田恵梨香としても、動物のことや環境のこと、女としてのこと、仕事のやり方……たくさん本音を話してきた。そういう本になるから、と。だからこそ、「やっぱり作り込むような写真ではないよね」となりましたし、草原で背を向けて伸びをしている黒ドレスの私……あの写真を撮った時に、Harukaと「これ、キタよね！」「もう撮れたんじゃない？」「この本は、これだね！」なんて話をしたぐらい、「あぁ、自分が喋りたかったことが、この写真に集約されている。これでしかないいんだよなぁ」と思えた。

だから「これは表紙だよね」という話はしていて。偶然にも、編集スタッフの皆さんが「絶対、これです！」「表紙だと思いました」と言ってくれて嬉しかった。いいですよね、ちゃんとドラマを感じる。私の顔は見えないぐらいで全然いいし、そもそも「私の本でしかない」ですから（笑）。満場一致で、本当によかった。

今回の写真は普通では撮れない、Harukaじゃないと撮れない写真ばかりですよね。ただ、彼女の家で撮った写真とか見ると、あまりにメイクしてないから。「これ……私、大丈夫かな？」ってところはあるんだけど（笑）。「じゃあ、次は服どうしよっかね？」って言いながら下着姿で探している写真とか、「恵梨香、ストップ！その体勢でストップ！」「ねぇ、この写真めっちゃ良くない？」と盛り上がったりして。あの写真もすごく好きで気に入っています。ピンボケさせているんだけど、ああいう立ち姿、居姿っていうのも、普通ないじゃないですか。この本でしか絶対できないから。自分でも「へぇ、こんな表情しているんだ」と知ることができたし、本当にHarukaにお願いして良かった！と思いました。それこそ、彼女のすごいところだなぁと思うんですけど、彼女の家のソファで撮っていたら、私、そのまま寝ていたんです。撮影中に寝落ちしていたなんて初めてで。「あれ？　私、寝てた⁉」とビックリ（笑）。だから、相当気を許しているんだなぁと思いましたね。

自分の中では家族の一人みたいな存在の人。彼女はアメリカに行くことが決まっていて、やっぱりものすごい巡り合わせとタイミングなんですよね。この本が出るタイミングは自分の転機もそうだし、この7〜8年で築いてきた今のHarukaとの関係性だからこその写真だったり……本当に今までの集大成なんだなっていうのは、この写真群を見て改めて感じました。

## 2022年3月

俳優を始めて約18年。ほぼ外食、お弁当生活を続けてきた、自分の今までの人生というものが、検査結果に如実に出ていて。改めて食生活の大切さを思い知り、向き合うようになりました。結局、自分の体って、のちの自分の子供に影響するもの。周りにアドバイスをくれるお医者さん方も増え、たくさんの知識を得るようになったので。自分でも勉強して、どんどん自分の体を解決していきたいなと。

今は、フィトテラピーを勉強しているんです。アロマオイルとかハーブといった植物療法。それと、中医学も勉強していて。やっぱり、学びたいんでしょうね。授業を受けている時間がめちゃくちゃ楽しいんです。体のこと、健康のこと、食事のこと……いわゆる〝生〟っていうものに対しての関心が強くなっていて。ずっと役のために生きていたこの18年間、放っていた自分自身を今、取り戻そうとしている。ようやく生きられている、って感じています。

フィトテラピーの授業が、朝の10時から15時まで。その間に1時間休憩を挟んで、1日4時間勉強する。それが週に一回。ほかに、クリニックに行ったり、ジムやプールにも通ったり……と、わりと活動的かもしれないです。

その時々によるけど、だいたい7時から10時の間には起きて。朝食も、最近はプロテインとボーンブロスといって骨の出汁なんですけど、鶏を何時間もコトコト煮て抽出したアミノ酸。とにかくこの2つを体に入れて、腸内環境を整えて、エネルギー化しています。グルテンフリーのパンにも最近ハマり始めて、ちょこちょこ食べたり。基本的には、朝昼兼用が多いですね。一人の時はそこまでできないけど、夜はガッツリ5~6品作りますよ。
食に関しては、細かいです。今のアレルギーとか、体内に毒素がどれぐらい溜まっているのかを見て、その解毒・排出を考慮した食事になるので。基本的には私が作ります。夫が作ってくれる時もあり、分担しながらやっていますね。

より健康オタクになっている感じ。どんどん情報は入手して、よさそうなものを実践しています。今お勧めなのは、オイル入浴。カレンデュラとかホホバといった植物オイルに、その時々で自分に合ったアロマオイルをセレクトして入れて。デリケートゾーンには、アロマなしのシンプルな植物オイルを。そうして、マッサージしながら足先まで、体全体に塗るんです。その後、そのまま湯船につかる。そうすると、10分もしないうちに汗がダラダラと流れるので、それを擦らずにタオルで押さえるだけ。オイルにはクレンジング効果もあるから、洗剤をつけて洗う必要がないし、油なのでコーティングされて保湿も必要ないし、体がポカポカになるんです。自分で気づかないうちに、内臓が冷えていたりするので。女性の皆さんには、是非やってほしい。すごくいいですよ。ただ、浴槽は本当に汚れるので……お掃除が大変ですけどね。

体の状態は、定期的に診てもらっています。ちょっとした血液検査でも、何が効いているのか、どういう方法が効果的なのか?がわかるので。その数値も、良い兆しが見えてきていて。お医者さんにも「一年でここまで変わる人はいない」と褒めてもらえたので。自愛を頑張ってきてよかった!と思って。検査結果として良くなっているのが見えると、より燃えるタイプ。頑張るモチベーションになっています。

やっぱり、体のエキスパートであるフィトテラピーの先生方が言うのは「フィトテラピーもサプリメントも、最終手段でしかない」ってこと。大切なのは、しっかり寝ること、ちゃんとご飯を食べること、適度な運動。いかに生活習慣を整えるかなんですよね。そして、自然に触れること。例えば、窓を開けて深呼吸するでもいいし、海に行ったり山に行ったりでもいい、体にとって自然を感じることが一番の癒しになる。

自分も、休んだことによって、みるみる体が変わっていくのを感じていますが、そのスピード感が明らかに違うんです。睡眠障害も、ブルーライトが目に及ぼす影響や寝る直前の過ごし方を意識して基本的な生活を見直すと、一気に改善されましたから。でも、なかなか簡単なことではないんですよね。現代病と言われる所以《ゆえん》がよくわかる。当たり前がいかに尊くて大事なのか、自分の体とメンタル全てに繋がっているんだなってことを痛感していますね。

そしてそれは、私だけじゃなくて。一緒に授業受けている女性たちも、同じような体の悩みを抱えているんですよね。周りに言えないとか恥ずかしいことって思っているかもしれないけど、意外とみんな同じことを抱えているよって言いたい。それこそ生理休暇とか……生理で体がすごく辛いのに、痛み止めを飲み続けてまで無理すべき仕事なのか？は、もう理解しなくちゃいけないことだと思う。しんどくて頭も回らないのに、とりあえず続けていると失敗も増える。しっかり休んで、体調を整えることで、仕事のパフォーマンスも上がるわけだから。休むことを当たり前にできる。そんな社会に、日本も早くシフトできるといいなと思います。

# 好きなもの、好きなこと

子供の頃から、空を見ることが好きです。気づいたら空を見ているのが癖でしたね。家族とごはん屋さんに行って、空を見ながら帰るとか。親と「星が綺麗だね」みたいな会話をよくしていたなぁって。夜空とか見るの、すっごい好きなんです。

あと〝車の中でのサザン〟も、ずっと好き。父がサザンオールスターズを大好きで、車の中でかける音楽はサザンが定番だったんです。海が好きでよく行くから、車の中でサザンを聴いていますし、先日母と畑に行った時も聴きました。母もやっぱり「サザンはいいね」と言っていましたけど、それぐらい戸田家の定番なんです。聴くと思い出すんですよね、初めて東京へ仕事に行って、その帰りに大阪駅まで迎えに来てもらった車中の景色とか。思い出して、ちょっと胸がキュンとします。

料理も好きです。今日も、出かける寸前まで梅仕事をしていたんですけど。梅シロップを作るとか、実山椒《みざんしょう》をひたすら採り集めて1年分ぐらい保存したりとか。最近は糠《ぬか》漬けもやっています。どハマりする期間と、本当にめんどくさくて何もできない期間とがあるんですけど。ハマると、料理の根本から入るのが好きですし、キッチンアイテムを揃えたり、道具を一新し始めたりするタイプです（笑）。

前にインスタにも載せましたけど、畑に行って田植えをしたり。つい先日は、梅狩りに行って梅を採りまくって。ブヨに刺されながら、じゃがいも掘って、大根の収穫して来ました。その掘り立てのじゃがいもで、昨日も一昨日の夜も、ひたすらフライドポテトを作りました。それがめちゃくちゃ美味しい！

フラワーアレンジメントも始めました。これまでは、全く花に興味がなくて、お花をもらってもそこまで嬉しいという感情が湧かなかったけど、最近私の好きなアパレルブランドが、お花屋さんとコラボして。その展示会で「お花のレッスンをやっているので、よかったら」とお誘いいただき、一回挑戦してみたらかなり楽しくて、ハマりましたね。そこでは普通のお花屋さんではあまり見ないようなお花を多く扱っていて、それも素敵でしたし、時季に合わせたお花を知るのも面白くて。ようやく、花の世界に魅力を感じられるようになりました（笑）。植物を家で育てられなかった私が、初めて頑張れています。家の中に枝ものを飾るぞ！みたいなことになっていて（笑）。とても充実しているんです。

## 友達の話

今は、あまり会わなくなっちゃいましたね。もう20年来の付き合いがある一般の友人と、もう一人、一緒に中医学を勉強していた友人がいるんですけど。彼女も10年ぐらいの付き合いになるのかな。ずっと働いていたから、やっぱりしょっちゅう会えるものではないし。数ヶ月に一回会えるかなっていう頻度だったけど、会えば落ち着くし、楽だし、一緒にいて楽しいっていう相手だからか、いろんなタイミングが重なるんですよね。不思議なことに、何か壁にぶち当たった時に、同じようなことで悩んでいたりとか、同じ時期に断捨離していたりもして。向こうが先に結婚していたんですけど、私の結婚を機にお互い落ち着いてきて。ゆっくり会う時間ができた今は、ちょこちょこと会っています。

昔は休みの日は誰かと会いたい、遊びたいという気持ちが強かったけど、今はそれよりも学びたい気持ちが強い。もちろん家庭を持ったことも大きいですし、何よりこのコロナ禍が自分にとって本当に大事なもの、人、関係が何なのか?を教えてくれましたよね。これだけブレやすいことをしていたんだなっていうことにも、改めて気づけたと思うし。今のその時間、本当に楽しいの?ということを見直す時間にもなりました。

## SNS時代

自分にとって、Instagramって何なのか？と考えた時に、やっぱりこの仕事をしているから宣伝もしなくてはいけないだろうとは思う。だけど、プライベートを晒したいわけでもない。いっときやってはみたけど、やっぱり私は、そこは別に求めてないなと思ったんです。役者という目線で見た時、「自分はこういう人間なんです」「こういう交友関係があります」というプライベートを見せないほうが、役にすんなりと没入してもらえるじゃないですか。便利だけど、役者にとってはある種の枷《かせ》になってしまうと思ったんですよね。そこから、自分がみんなに知ってほしい地球環境とか、いじめや自殺に関するもの、そういうメッセージのある動画とか本を紹介することが増えました。誰かの救いになるような存在であれたらいいなっていう。私にとっては、それでしかない。そういう向き合い方になりました。

宣伝も当然するけれど、今の自分というより、それが伝わってほしいというメッセージでしかない。どうでもいいことは載せていないので。だから、私がこれからＳＮＳに載せるものは、わざわざ消すことはおそらくないだろうと思います。

今のＳＮＳ社会って、個人的に、ある種とても危険な状態になっているなと感じています。当然昔から、ネット上で簡単に繋がれるからこその危険、自分の身を滅ぼすことっていうのはたくさんあった。ネット上でいじめがあったり、ＳＮＳ用の自分を作ったりっていう、本当に恐ろしい時代になったなと思うし、みんなその鬱憤が溜まっているんだろうけど、だったら手放せばいいのに、やめちゃえばいいのに、ってシンプルに思うんですよね。

私は役柄のこととか仕事のことばっかり考えていたから、自分のことが置いてけぼりになっていた。同じように、世間一般の人たちも、気づいたら自分のことが置いてけぼりになっているんだろうなって思うんです。「あれ？　私……何もない」「孤独で怖い」「いやだ」って、自分を追い込んでいるんだろうなぁって。

だからやっぱり、自分を見ること、自分を愛してあげること、それが根本だと感じます。自分を愛せない人が、他人を愛せないし。だから、スカスカになる前に、自分が壊れてしまう前に、気づいてほしいって思う。

## 戸田恵梨香ファン

芸能人というのは、当然、ファンの方たちに支えられているもの。それは明白な事実です。でも私は、「ファンの方々が全て」みたいなことは言えないなと思っているんです。やっぱり、本当の私を知っているのは、家族ぐらいしかいないわけで。例えば、歳を取っていったら、当然容姿は衰えていく。「もう可愛くなくなっちゃった」「あの時は可愛かったよね」なんて、容姿で、好き・嫌い言われたりする。

でも、私についていてくれているファンの方々というのは、そういう容姿で判断するんじゃなくて、類は友を呼ぶじゃないですけど、私のこういう思考（嗜好）を支持してくださっている人が多いんですよね。深く考えてくれる。限られた情報、言動、お芝居を観てくれて、思考し、理解してくれている。それがありがたいですし、とても珍しいとも思うんです。だから、いつも耳を傾けてくれているみんなには、私の言葉が少しでも救いになったらいいなって思う。救われてほしい存在、なんです。

芸能界に入り、多くの経験を経て、自分がどういう作品が好きで、どんなものが苦手なのかがわかるようになった今、私が好きで選択するものって、すごく普遍的なことだったり、その普遍の中にあるメッセージの強いものが多いんですよね。やっぱり、私は伝えたいんだと思います。人が救われる方法を。だからSNSも、そのやり方が自分の中で一番しっくりくるとようやく気づけた。

先日もインスタに載せましたけど、吉岡秀人先生の本（ふじもとみさと著・佼成出版社『命を救う 心を救う』）があって。子供向けに、先生の活動をわかりやすく紹介している本なんですけど。今こそこういう人が必要だなと思うし、吉岡先生のような人がいるっていうことを知るだけでも救いになることもあるから。私が救われたように、ファンの方たちにもその機会を得てもらいたいなと思うんですよね。

医者も病院も、出会いです。自分に合ったドクターや病院を見つけるのは、なかなか難しいもの。でも、吉岡先生のような人もいるんだよってことを知ってもらえるといいなって思うし、特に女性は、自分の体を任せられるようなＭｙ病院、Ｍｙ産婦人科をちゃんと持ってほしいなとも思いますね。とても重要なことです。

## 充実感の記憶

学生時代は、私の中では空っぽ。いわゆる青春時代はあったけど、充実している感覚は全くなく。楽しいことも、やりたいことも見つからず、ずっと「なんかつまらないなぁ」と思っているような日々でした。

仕事を始めてからの人生は、暇な時というものがなかったし、それだけ多くの作品と出会い、『大恋愛』で役者として自分がやりたいと思っていた芝居の質感だったり、目指していたものに近づけたという実感。ムロツヨシという俳優と尚と真司として本当に生きた！という感じたことのないあの幸福感を得られたというのは、仕事を続けてきて良かったと思えたし、この上なく幸せな時間でした。

だから、俳優としての私は、本当に充実していたんだなというのは自分でもわかっているんです。だけど、戸田恵梨香自身はいつも孤独感とかむなしさ、何か満たされない想いを感じていて。『コード・ブルー』に取り組んでいた頃、二十歳になったことを機に「1年に一度、まとまった休みをください」と事務所に話して、自分を取り戻す時間を求め始めたんですよね。ダイビングという趣味ができ、海で過ごす時間に夢中になった時期もありました。海、浮遊、地球っていうものを全身で感じることで、脳味噌を洗えるような感覚。それと、本当に一人になれる瞬間というか、友達とダイビングに行っていても、潜っている瞬間は一人。その解放感が好きでハマっていましたね。だけど、それは充実感とはまた違って。私の中では、基本的には現実逃避できる場所。海の中に入っている時って充実というよりも充電なんです。

海は、好きですね。海がなかったら、きっとどこかのタイミングで精神的バランスを崩していたかもしれない。それぐらい、私にとってとても大きな存在です。20代の頃って、突然「誰にも会いたくない」「人が嫌！」となる瞬間があったんですよ。無性に腹が立って、突然何もかもが嫌になる。何なんでしょうね？　猛烈に襲いかかってくるあの感情は（笑）？　大人になって、時間を作れるようになった今は、そうやって自然や海の中で一人になって、ボーッとする、リセットする、そんな時間を持てるようになったから、バランスが取れているのかなと思うんですけど。

今は、若い時のようにダイビングや海に入るとか直接的に触れることはなくとも、ただ海を外から眺めているだけでも十分幸せ。しょっちゅう海に行って裸足になってぼけーっとしたりしています。アーシングという言葉があるように、地球、大地から何かをもらえるというのは、こういうことなんだろうなって一番感じられるのが、私にとっては海なんでしょうね。

フィトテラピーでも、やっぱり自然と関わることは、その基礎的な指導の中に含まれているんですよね。「できれば朝の6時ぐらいまでに起きて、夜の10時ぐらいに寝ること」「(眠気で)あくびが出てきたら、携帯やテレビなどのブルーライトを目に入れない」といったことと並んで、基本となるもの。それぐらい自然には、人をリセットさせる力がある、人を癒す力がある。仕事をお休みさせてもらっている今、私はその教え通りに生きているので、自然の持つ力がよくわかるし、やっぱり自身が海も山もある街で育ったので。土日はよく六甲山に行ってみんなでバーベキューしたり、湖で遊んだりとか、子供の頃から自然はいつも周りにあるもの。だから、自然があるところが好きだし、どうしても求めてしまう。東京の街に生きていると、窮屈な感じがして息苦しいんです。少し離れないと、呼吸ができない。一人で沖縄に行ったのも、「もう息ができない」「しんどい」となったから、というのは発端として大きかったと思います。

最近感じている幸せ、充実感でいうと……先程も触れた20年来の付き合いのある、本当の家族のような親友がいるんですけど。彼女が結婚して私もして。お互いに夫を連れて一緒に食事したり、ちょっと旅行に出かけたりするようになったこと。そういう経験って、今までできなかったから。

ただ普通でありたいと願い続けていたけれど、でもやっぱり普通ではないという現実があって。自分が芸能人だということはわかっているけど、認めたくないみたいな。自分自身を受け入れているようで受け入れてないっていう矛盾があったんですよね。だからいつも、どこか不安で孤独で。でも友人夫婦と絡むようになって「あぁ、家族ってこういう感じか」と知った時に、ようやく自分自身の人生を生きている充実感が生まれた。それまでも、当然充実していることに間違いはないんですけど、満たされていたか？っていうと、ちょっと違う。ようやく今、満たされてきているっていう感じです。

たぶん私は、もともと精神的なバランスがあまり良くないんでしょうね。自分では、全く気づいていなかったけど。突然孤独感に苛《さいな》まれたり、急に涙がボロボロ出てくるみたいなことがあっても、「そういうのって、あるあるだよね」「みんなそんな感じでしょう」くらいにしか考えていなかった。辛いけど、自分では辛いという自覚がないまま乗り越えてきちゃったところがありました。でも、検査をした時に言われました。「この遺伝子を持っている人はアドレナリンをずっと出していて、脳が休まらないんだ」と。まさに「なるほど！」でしたね。当てはまること、腑に落ちることだらけで（笑）。そこからは、ちゃんと自分を理解し始めた。そうやって、周りから教えてもらった感じなんですよね。

# 優しさと愛情

親友や近しい人に、よく言われるんです。「恵梨香は、優しすぎる」って。でも、私は誰にでも優しいわけじゃなくて、本当に大切で身近な人への想いが強すぎるだけ（笑）。基本、好きな人としか関わる必要性がないと思っているから。逆に、好きじゃない人のことは私、バッサリと切ってしまうところがある。そんな冷たい部分も持ち合わせているので……全然、優しくなんかないんです。実際、頭の中は小さな愚痴でいっぱいですし。だから、自分が優しくできる人しか、周りにいないっていうのが真相なんですよね。

でも、イライラして愚痴でいっぱいだとしても、たとえ許せないと思う人がいたとしても、それを自分の中でどう咀嚼《そしゃく》して、受け入れるか?をやらないと、結局自分が成長できない。だから許す力をつけたい、っていう自分のために頑張るんです。やっぱり許せるようになるまでは時間もかかるし、いまだにそれが上手くできているかどうかはわからない。つい昨日も、家族にイライラしたりしていますからね(笑)。

人が好きだっていうのは、もう間違いなくそうなんです。だけど、人が好きだからこそ、裏切られた時のショック、落ち込みが大きすぎて……自分を取り戻すのにすごく時間がかかるし人間不信にもなる。だけど信じたいって気持ちもすごく強いから。ひたすら正面から、一生懸命ドンドンドンドン!(とドアを叩く仕草で)してしまうんですよね。だから多分、私のことを嫌な人は嫌だと思う。そんな正面から来ないで!みたいな人も、もっと表面上の付き合いでいい、っていう人もいると思いますしね。

だけど、それでも私は向き合いたいんです。家族、仕事の人はもちろん、出会った人たちにはちゃんと向き合いたい。苦しい経験も根本にあるので、基本的に人は信用できないと思っているんです。けど、愛したいんです。多分、裏切られたくないし裏切りたくないから、本気で向き合うことしか私はできないんですよね。

少し前に、母に言われて、「そんなことがあったんだ」と思い出したことがあります。子供の頃、近所にやけどなのか病気なのか……顔がすごくただれているおじちゃんが住んでいて。私、その人のことが大好きで、「おじちゃん、おじちゃん」ってよくくっついて回っていたんですけど。震災が起きて、その混乱の中で「おじちゃんは？　おじちゃんはどうしてるの？」って、私が必死で確認していたらしいんです。それを知ったおじちゃんが、とても喜んでいたんだよって。母に「あなたは分け隔てなく、人を愛する子だよね」と言われて、妙に納得したというか。確かに……男女でもそうだし、国籍や見た目もそうだけど、世の中には差別がたくさんあって。そこに、ずーっと違和感を覚えていたから。多分、私はその頃から、見た目とか偏見で判断することなく、出会った人のことは好きなんだろうなと思いました。そういう自分の本質みたいなところを、母親に教えてもらったエピソードでしたね。

久しぶりに『コード・ブルー』（3rdシーズン）で再会した時、ガッキー（新垣結衣）に何かの流れで突然言われたのが「トッティ（戸田のこと）って、どれだけ先輩でも年下に対しても、すっごくサバサバしてるのに敬いを感じるよね。それはすごいと思うんだ」と。「へぇ〜！」と思って（笑）。そんなふうに自分を客観的に見ることって、あまりできないから。彼女がそう捉えてくれているのが、とても嬉しかった。

やっぱり、人との向き合いの前提には、好きと敬愛が絶対にあるから。権力を振りかざしたり、人を見下している人、老若男女関係なく相手に対して敬意がない人は、本当に嫌です。いくら言葉が丁寧でも、見下しているのは透けて見えますから。とりあえず芸能人だから、こういう対応しているんですね？と感じる人もいるし。人によって態度が変わるとかも、かなり苦手です。

それこそ、20年来の親友のことは、いつも素敵だなぁと思っているんだけど。彼女といると、どうやって相手を立てるか？をいつも考えている人だなって感じるんですよね。「親しき中にも礼儀あり」を徹底している人だから、お互いが気持ちよく過ごせる。やっぱり、何事も敬意なんですよね。そのマナーとデリカシーが身についている彼女のことを、とても尊敬しています。

## 1冊の本

これも自然や愛に関連するんですけど、星野道夫さんにハマった時期があって。星野さんの写真や文章から感じる優しさに、こんなにあたたかい人がいたんだ！とすごく感動したんです。写真集であったり、写真と日記とを本にしているものであったり。そこから紐づいて、星野さんが影響を受けた人や書籍も調べて。そういう風にルーツを辿っていくのがすごく好きなんですけど、星野さん関連で読みたいと思いネット購入した1冊のリサイクル本がありました。

4年前の7月。引越しの準備作業中に「あっ、そうだ。買ったまま読んでなかったな」と気づいて、その本をペラペラとめくりながら、改めて「この絵のタッチ、すごく好きだなぁ」「可愛いなぁ」と眺めていたら、中からお手紙が出てきたんです。

そこには〝趣味に合わないかもしれないけど、こんな風に生きている人もいるのだということだけでも。この本をそばに置いてやってください。どうぞよいお年を。12月〇日〟というようなことが直筆で書かれていて。この方のこの本への愛情、相手への思いやり……ふいに訪れたこの瞬間に、送り手の想いに、胸が詰まるようでした。秘密にしたいような誰かの人生の一部じゃないですか。見てはいけないものを見てしまったような申し訳なさもあるんですけど、「本当に胸が熱くなるとはこのことか！」を体感したんですよね。

この本を受け取った人は、どうしているんだろう？　なぜ本を手放してしまったの？　この手紙に気づいたのかな？　もしかしたら、亡くなっているかもしれない。いつの時代のやり取りなのかも不明。どんなビハインドストーリーがあるのかわからない。とても儚いし、距離がありますよね。でも、愛と優しさに溢れていて……もう全てが素敵すぎて、あんなふうに自分の心が幸せに満ちた瞬間は初めてでした。

当時の私は、誰かにプレゼントを贈るイベントにおいて、本をセレクトするという価値観、選択肢がなかったんです。それはたぶん、自分がそれほど本に詳しくないこともあるし、そういう学びというよりは、健康とか美容とかファッションといった娯楽の方が、人は喜ぶと勝手に思い込んでいたから。だから、まずこの方が本をプレゼントしたということにビックリしたし、本というものにこれだけ思い入れがあるっていう、この贈り主の気持ちにも、贈った方への愛情にも、すごく感動したんですよね。

お手紙にある、「この本をそばに置いてやってください」という言葉も、私には衝撃でした。とても感銘を受けて……それ以来、自分が携わった作品に対して、「この作品が、寄り添う作品になったら嬉しい」と言うようになりました。それは、このお手紙の影響です。自分が作品と出会うタイミング、そのご縁の強さであったり、自分がやる意義を感じた「やりたい」と思う作品をなるべく選んでやってきたという自負も含め、自分が参加した作品が誰かの救いになれたら、優しく寄り添うことができたらいいなと思ってやってきたけど、改めてそれが自分ができることなんだって教えてもらった。そこから、作品に対する考え方とか想いっていうのは、より一層強くなりました。やっぱり自分のエゴだけじゃなく、基本的に作品というのはメッセージ性があるものだし、心を豊かにするものだと思っているから。だからこそ、優しい作品に携わりたいと思うし、それが見る人のそばに寄り添う作品であれたら、こんなに嬉しいことはないです。

## この先の自分

このお休みを経て、次に……どんなことを思うんでしょうね。こうして休むという選択をして、自分をいたわることがどれだけ大事なのかっていうこと、これ以上無理することはできないと気づいてしまった以上、復帰するという思考になるのか？　今はまだ、その答えを出すのは難しいですね。

今までは、芝居するのが楽しかったけど、今は自分の体のことを学ぶ、知ることが楽しいので。その分野を追求するのも面白そうだし、例えば、ボランティアに参加するようになるかもしれないし、ＮＰＯ法人を立ち上げるかもしれない。そういうことも視野にはあるんです。保護犬猫、野生動物とか、孤児たちとか……食品についても、子供たちに無農薬野菜を届けるとか、そのための畑を作るとか、その可能性も今すごく考えていて。

役者としても、『この街の命に』や『大恋愛』がそうだったように、また誰かのためにやろうと思う作品が出て来るかもしれないし、自分で作ることもあるのかもしれない。ミャンマーに行ったことだって、そうですよ。何がどう出るのかは、出会いとタイミングだなと思っています。お芝居って一つの方法だけじゃないですもんね。そのためにも、やっぱりアンテナは張っておかなくちゃいけない。今、自分は何が好きで、何を求めているんだろう？ということを、ちゃんと感じ取れる自分でいなきゃいけないなと思っていますね。

役者として与えられるものではなくて、自分で生み出したいという気持ちもずっとあります。2～3日前にも、「あ、こういう事できるな」「あ、これいいじゃん。マネージャーに送らなきゃ」と思って、そのまま寝て、忘れた……みたいなことがありました（笑）。たぶん、自分の中で「これ、できる」「形にしたいかも」と思っているものは、やっぱりあるみたい。それをなかなか上手く具現化できなくて、今は模索中ですけど。自分で作ることで、満たされる何かがある予感はしています。でも、それはたぶん、製作側としてはお金にならない、興行が見込めないものだから、結局実現しない可能性はあるんだけど。でも、いつか、どこかで、挑戦はできたらいいなと思っています。

先日『クライ・マッチョ』を観て。私、クリント・イーストウッドが大好きなんですけど。『グラン・トリノ』以来のすごい作品、キタな！って感じでしたね。もうめちゃくちゃ感動して。近年のイーストウッド主演作には、わりと終活というか、こういう終わりの迎え方すごく理想だな、夢だなって思わせてくれるような作品が多かったと思うんだけど。『クライ・マッチョ』に関しては、「年を取っても、まだまだスタート切れるよ」「人生、全然楽しめるよね」っていう明るさ、生き方を見せてくれた気がして。それに胸打たれたんですよね。

毎作、イーストウッドのキャスティングにうならされるんです。毎回、名が知れていない人たちを起用するじゃないですか。彼らに先入観がないから、すごく感情移入しやすくって。芝居が上手い下手じゃなくて、心でやっているなっていうのが伝わる人たちばかりを選んでいる。それがイーストウッドの本当のすごさだなって思うんです。

あの少年のリスタートと、おじいちゃんのリスタート。地味な映画じゃないですか。だけど胸にめちゃくちゃ響きました。映画を観た夜は、興奮の余韻で眠れなかった。幸せのため息ですよね、何度も「あぁ……もう一回観たいな」って。

やっぱり私は、イーストウッドみたいな作品が好き。だから「面白い作品をやろうよ」と言うなら、こういうことを！と私は思うんだけど。日本にはああいう作品が少ない気がします。あと、『クライ・マッチョ』にはエゴを感じなかったんですよね。全然押しつけがないって、すごいことだと思う。そういう監督や製作陣と、私はやりたい。あの役は、イーストウッドの年齢だから説得力がある。その歳に合う役があるから、やっぱり演じることはやりたいかもなぁって思わせてくれた。それは、今の私にとって、久しぶりに感じた光でしたね。

第二章　〈彼女〉戸田恵梨香

# おわりに

本当に特筆すべきタイミングでこの本を作っているんだなと、改めて思います。父親が他界し、結婚して、休業……って、ものすごい転換期。

上京して18年。俳優として、がむしゃらに働いてきて、たくさんのことを経験し、学んできたけれど。この激動の2年、大きな転機を経て、私はようやく自分を愛することが、いかに大事かに辿り着きました。

自分と向き合う時間は、本当に大切で。余分なものを極力排除した一人の時間を作って、自分の内側を見ることで、本当に自分がやりたいこと、本当に大切なものが理解できるようになる。そうすると、どんどん心が豊かになっていくんです。たぶん、30歳の時に断捨離したのも、それをやろうと思ったんでしょうね。抱えているものをなくしていきたい、と。

世の中には情報が溢れすぎているし、流行を追うことに忙しかったり、友達がいなくちゃ恥ずかしい、孤独が怖いと思う人も多いかもしれない。でも、忙しく過ごすこと、スケジュールを詰め込むことが、イコール充実した生活という概念ばかりではない。本当の心の豊かさや幸福は、別のところにあったりもする。誰かにお水を注いであげることで自分が枯れてしまうなら、まず自分に水を与えてから相手に注いであげよう。自分を愛さないと、誰かを愛することはできない。そんな当たり前の事実に気づけると、すごく楽になるから。この本を通して、そういう気づきがあるといいなぁと思います。

平易な言葉で言うと、「もうちょっと楽をしてもいいじゃん」ということかな。それは、頑張らないってことではなくて。ちゃんと自分を見つめて、自分がいいパフォーマンスをするために、できないことは「できない」、しんどいことは「しんどい」って言ってもいい。そういう世の中になったらいいよねって心から思うし、私たちがそういう社会を作っていかないといけない。これだけ女性の時代と言われているわけだから、なおさら自分の体を見直すべきだし、体のことを知らない人があまりにも多すぎます。特に女性の体のこと、妊娠・出産に関することは、女性本人だけじゃなく、家族やパートナー、同僚、仲間……男女問わず広く知られてほしいなと思いますね。

今は多くの女性たちが、キャリアをとるか？　結婚をとるか？　子供はどうするのか？　いろんな選択、判断がある。本当に難しい世の中だなって思う。だから、一回立ち止まってみる。立ち止まらなくても、自分の内側を見るっていうことをして、考えるべきだと思うんです。自分がどうしたいか?は、自分にしかわからないはずです。

だから、ちゃんと自分を見てあげてほしい。それでしかないんです、私が行き着いた答えは。「こうしてください」「こうすべき」って言いたいわけじゃなくて。私も、ずっと「自分って何だろう?」ともがき続けてきたから。その考え方であったり、経緯、流れ……私なりの思考の歴史があって。その中で行き着いた一例であり参考の一つとして、この本を手に取ってくれた方のささやかな手助けになれたら幸せです。本を通して少しでも救われてほしい、それが私の一番の想いなのです。

とだ・えりか

1988年8月17日生まれ。兵庫県出身。

インタビュー｜米川里代
撮影＆ヘアメイク｜Haruka Tazaki
アートディレクション＆デザイン｜坂脇 慶
校正｜玄冬書林
編集｜船田 恵

エグゼクティブプロデューサー｜井上義久（フラーム）
チーフマネージャー｜大塚雅彦（フラーム）
アーティストマネージャー｜中山 翼（フラーム）

撮影協力｜VISON

戸田恵梨香
『彼　女』
2023年1月1日　初版発行
発行者　横内正昭
発行所　株式会社ワニブックス
〒150-8482
東京都渋谷区恵比寿4-4-9 えびす大黒ビル
TEL 03-5449-2711（代表）
印刷所　大日本印刷株式会社
ISBN 978-4-8470-7261-1

ワニブックスホームページ https://www.wani.co.jp